독자의 **1초**를 아껴주는 정성!

—

세상이 아무리 바쁘게 돌아가더라도

책까지 아무렇게나 빨리 만들 수는 없습니다.

인스턴트 식품 같은 책보다는

오래 익힌 술이나 장맛이 밴 책을 만들고 싶습니다.

길벗이지톡은 독자여러분이 우리를 믿는다고 할 때 가장 행복합니다.

나를 아껴주는 어학도서, 길벗이지톡의 책을 만나보십시오.

독자의 1초를 아껴주는 정성을 만나보십시오.

미리 책을 읽고 따라해본 2만 베타테스터 여러분과 무따기 체험단, 길벗스쿨 엄마 2% 기획단,
시나공 평가단, 토익 배틀, 대학생 기자단까지!
믿을 수 있는 책을 함께 만들어주신 독자 여러분께 감사드립니다.

홈페이지의 '독자마당'에 오시면 책을 함께 만들 수 있습니다.
(주)도서출판 길벗   www.gilbut.co.kr
길벗 이지톡   www.gilbut.co.kr
길벗 스쿨   www.gilbutschool.co.kr

네이티브는 쉬운 독일어로 말한다

에밀리(임은선) 지음

네이티브는 쉬운 독일어로 말한다
The Native German Speaks Easily

초판 발행 · 2022년 3월 30일
초판 3쇄 발행 · 2023년 4월 20일

지은이 · 에밀리(임은선)
발행인 · 이종원
발행처 · (주)도서출판 길벗
브랜드 · 길벗이지톡
출판사 등록일 · 1990년 12월 24일
주소 · 서울시 마포구 월드컵로 10길 56(서교동)
대표 전화 · 02)332-0931 | **팩스** · 02)323-0586
홈페이지 · www.gilbut.co.kr | **이메일** · eztok@gilbut.co.kr

기획 및 책임 편집 · 박정현(bonbon@gilbut.co.kr) | **디자인** · 황애라 | **제작** · 이준호, 이진혁, 김우식
마케팅 · 이수미, 장봉석, 최소영 | **영업관리** · 김명자, 심선숙 | **독자지원** · 윤정아, 최희창

독일어 감수 · Daniel Krupa, 김아라 | **교정교열** · 김혜숙 | **전산편집** · 도설아
녹음 및 편집 · 와이알미디어 | **CTP 출력 및 인쇄** · 금강인쇄 | **제본** · 금강인쇄

길벗이지톡은 길벗출판사의 성인어학서 출판 브랜드입니다.

- 잘못 만든 책은 구입한 서점에서 바꿔 드립니다.
- 이 책은 저작권법에 따라 보호받는 저작물이므로 무단전재와 무단복제를 금합니다.
  이 책의 전부 또는 일부를 이용하려면 반드시 사전에 저작권자와 (주)도서출판 길벗의 서면 동의를 받아야 합니다.
- 책 내용에 대한 문의는 길벗 홈페이지(www.gilbut.co.kr) 고객센터에 올려 주세요.

ISBN 979-11-6521-888-1 03750
(길벗 도서번호 301116)

ⓒ 에밀리, 2022

정가 16,000원

독자의 1초까지 아껴주는 정성 길벗출판사
길벗 | IT실용서, IT/일반 수험서, IT전문서, 경제경영서, 취미실용서, 건강실용서, 자녀교육서
더퀘스트 | 인문교양서, 비즈니스서
길벗이지톡 | 어학단행본, 어학수험서
길벗스쿨 | 국어학습서, 수학학습서, 유아학습서, 어학학습서, 어린이교양서, 교과서

머리말

현지인 같은 독일어로 말하고 싶은 여러분께

'독일어 문법도 알고, 어휘량도 적지 않고, 듣기도 나름대로 잘 되는데 도대체 왜! 나는 독일어로 말을 못 할까?'하는 고민으로 괴로워하시는 모든 분들과, 또 6년 전 처음 독일에 와서 늘 입을 꾹 닫고 우울하게 지냈던 과거의 제 자신을 생각하며 이 책을 썼습니다. 지금 당장 외워서 바로 활용할 수 있게끔 쉽고, 간결하고, 자연스럽고, 내 생각과 감정을 똑 부러지게 표현할 수 있고, 그러면서도 센스와 위트가 넘치는 독일어 문장들을 한데 모았어요. 그뿐 아니라, 제가 독일에서 수없이 실수하고, 자기 전에 이불을 뻥뻥 차면서 익힌 복잡 미묘한 뉘앙스까지 문장 설명 속에 녹여냈습니다.

저에게 "네이티브도 아닌데 어떻게 그렇게 독일어로 말을 잘하세요?"라고 물어봐 주시는 감사한 분들이 많이 계신 반면에, "네이티브도 아닌데 왜 그렇게 독일어를 잘하려고 애쓰세요?"라고 조소 어린 질문을 던지시는 분들도 계세요. 네, 맞습니다. 우리는 독일어 네이티브가 아니에요. 그렇지만 우리도 충분히 네이티브처럼 말할 수 있어요. 엄청나게 어려운 문법을 구사하고 전문 용어를 남발해야만 네이티브처럼 말하는 게 아닙니다. 적절한 순간에 툭 던지는 지극히 일상적인 표현, 이 쉽고 간단한 문장들이 우리를 독일어 회화 공포증에서 자유롭게 하고, 나아가 독일어를 모국어로 하는 사람들 사이에서 주눅들지 않게 해 줄 거예요.

이 책을 쓰면서 제가 각별히 신경쓴 것들이 더 있습니다. 첫째는, 문법 설명을 최소화하되 완전히 배제하지는 않은 점이에요. 물론 문법을 몰라도 회화는 가능하지만, 각각의 표현들을 좀 더 잘 이해하고 보다 우아하게 활용하기 위해서는 문법 지식이 반드시 선행되어야 하기 때문입니다. 둘째는, 활자로는 미처 설명하기 어려운 부분의 경우 짤막한 영상으로 보충해 드리는 점입니다. 마지막으로 셋째는, 독일어가 아무래도 성별 구분이 확실한 언어이다 보니, 예문을 만드는 데 있어서 성 고정관념에 갇혀 버리기 쉽다는 위험이 있었습니다. 하여, 각각의 성별이 갖는 선입견적 이미지에 일부러 반대되게끔 문장을 만들기도 하고, 또 주어가 그녀(sie)/그(er)일 때 번역을 "개"라고 하여 불필요한 고정관념의 재생산을 피했습니다.

챕터 사이사이에 등장하는 〈망각방지장치〉 또한 허투루 만들지 않고 여러분의 학습에 도움을 드리고자 오랜 고민을 거쳐 탄생한 것이니, 여러분께서 이 책의 모든 페이지를 통해 부디 많은 것을 얻어 가셨으면 하는 바람입니다.

베를린에서,
여러분의 에밀리 드림

이 책의 공부법

🕐 하루 5분, 5문장 독일어 습관법

부담과 욕심은 내려놓고, 하루에 5문장씩만 익혀 보세요. 매일매일의 습관이 쌓여 곧 실력이 됩니다!

1단계 출근길 1분 30초 **독일어 표현을 보고 어떤 의미인지 생각해 보세요.**

한 페이지에 5문장의 독일어 표현이 정리되어 있습니다. 문장을 보고 어떤 의미인지 생각해 보세요. 다음 페이지를 넘겨 우리말 뜻을 확인합니다. 뜻을 알아맞히지 못했다면 상단 체크박스에 표시하고 다음 문장으로 넘어가세요.

2단계 이동 시 짬짬이 2분 **mp3 파일을 들으며 따라해 보세요.**

책으로 공부한 후에는 mp3 파일을 활용해 확실히 내 입에 붙이는 훈련에 돌입합니다. 오디오를 들으면서 큰 소리로 따라해 봅니다. 실제로 그런 상황 속 주인공이 된 것처럼 얼굴 표정까지 살려서 따라 말해 보세요.

3단계 퇴근길 1분 30초 **체크된 표현 중심으로 한 번 더 확인합니다.**

이제 독일어 표현을 제대로 익혔는지 확인해 볼까요? 책에 체크해 놓은 문장을 중심으로 앞 페이지에서는 독일어를 보면서 우리말 뜻을 떠올려 보고, 뒤 페이지에서는 해석을 보면서 독일어 문장을 말해 봅니다. 5초 이내에 바로 튀어나오게 말할 수 있다면 성공입니다!

🧠 망각방지 복습법

인간은 망각의 동물! 채워 넣을 것이 수없이 많은 복잡한 머릿속에서 입에 익지 않은 독일어 문장은 1순위로 빠져나가겠지요. 그러니 자신 있게 외웠다고 넘어간 표현들도 하루만 지나면 절반 이상 잊어버립니다. 망각이론을 근거로 체계적이고 과학적으로 복습할 수 있는 망각방지장치를 도입하여 책 순서대로만 따라가도 자연스럽게 복습과 암기가 이루어집니다.

1단계 **망각방지장치 ❶**

25문장을 공부한 후 복습에 들어갑니다. 통문장을 외워서 말해야 한다는 부담 없이 핵심 키워드만 비워 놓아 가볍게 기억을 떠올려 볼 수 있습니다. 문장을 완성하지 못했다면 체크하고 다시 앞으로 돌아가 한 번 더 복습합니다.

2단계 **망각방지장치 ❷**

100문장을 공부할 때마다 복습할 수 있게 10개의 대화문을 넣었습니다. 우리말 부분을 독일어 표현으로 바꿔 말해 보세요. 네이티브들이 쓰는 생생한 대화문으로 복습하면 앞에서 배운 문장을 실제 회화에서 어떻게 써먹을 수 있는지 감이 잡힐 거예요.

이 책의 구성

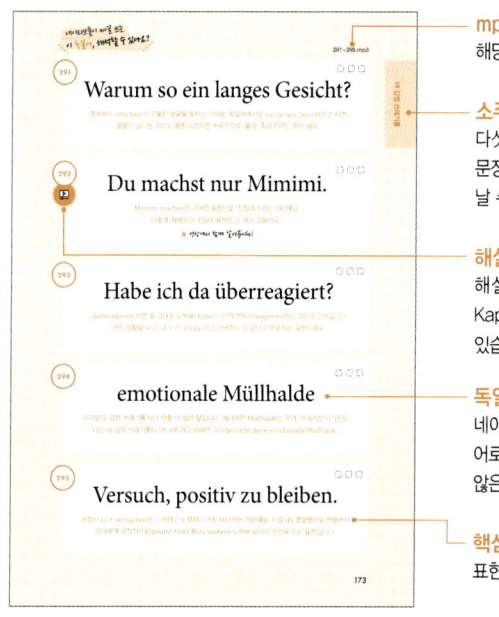

mp3 파일
해당 페이지의 mp3 파일명입니다.

소주제
다섯 문장이 하나의 소주제로 연결되어 있어, 한 문장만 읽어도 연관된 나머지 문장이 줄줄이 기억 날 수 있도록 구성했습니다.

해설 영상
해설 영상이 있는 문장은 따로 표시했습니다. Kapitel 맨 앞에 있는 QR코드를 통해 영상을 볼 수 있습니다.

독일어 문장
네이티브들이 자주 쓰는 표현들 중에서도 쉬운 단어로 이루어져 있지만 막상 실제 사용하기는 쉽지 않은 문장으로만 가려 뽑았습니다.

핵심 해설
표현에 대한 핵심 설명을 간단하게 정리했습니다.

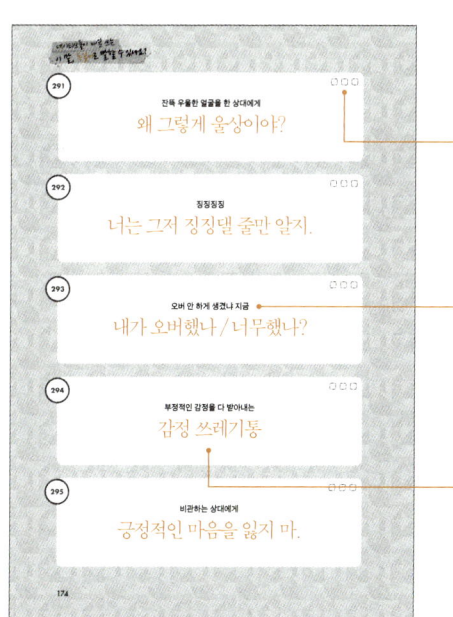

체크 박스
우리말을 보면서 독일어로 자연스럽게 말할 수 없을 때 체크하세요. 나중에 체크한 문장만 집중적으로 학습합니다.

상황 설명
어떤 상황에서 주로 활용할 수 있는 말인지 딱 감이 오도록 간결하고 감각적으로 설명했습니다. 내가 그 상황에 처했다고 상상하며 실전처럼 연습해 보세요.

우리말 해석
바로 뒤 페이지에 해석을 넣었습니다. 독일어 문장의 뜻과 뉘앙스를 100% 살려 가장 자연스러운 우리말로 해석했습니다. 우리말만 보고도 독일어가 바로 튀어나올 수 있게 연습하세요!

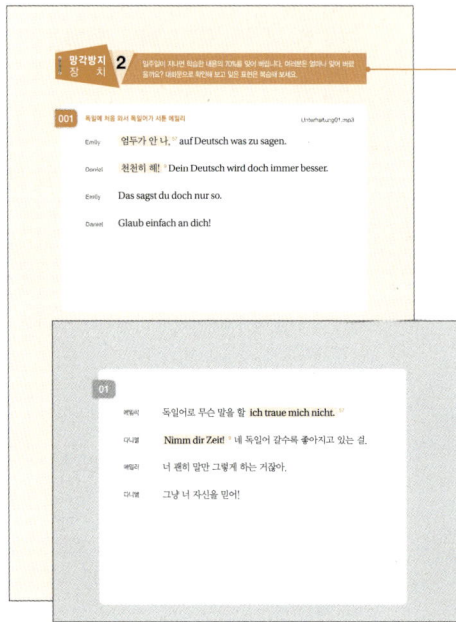

복습 망각방지장치 ❶

잊어버리기 전에 얼른 복습할 수 있도록, 표현 25개마다 문장을 복습할 수 있는 연습문제를 넣었습니다. 빈칸에 들어갈 말을 넣어 5초 이내에 문장을 말해 보세요. 틀렸으면 오른쪽의 표현 번호를 참고해 그 표현이 나온 페이지로 돌아가서 다시 한번 확인하고 넘어가세요.

복습 망각방지장치 ❷

책에 나오는 문장들이 실생활에서 정말 쓰는 표현인지 궁금하다고요? 표현 100개를 배울 때마다, 표현을 활용할 수 있는 대화문 10개를 넣었습니다. 대화 상황 속에서 우리말 부분을 독일어로 바꿔 말해 보세요. 뒤 페이지에서 정답과 해석을 바로바로 확인할 수 있습니다. 망각방지장치 2는 하나의 스토리로 이어져 있어서 더욱 재밌게 공부할 수 있습니다. 기대해 주세요!

mp3 파일 구성

책에 수록된 모든 예문은 베테랑 성우의 목소리로 직접 녹음했습니다. 오디오만 들어도 이 책의 모든 문장을 외울 수 있도록 독일어 문장뿐 아니라 우리말 해석까지 녹음했습니다. 독일어 문장이 입에 붙을 때까지 듣고 큰 소리로 따라 하세요! mp3 파일은 길벗이지톡 홈페이지(www.gilbut.co.kr)에서 무료로 다운로드 받을 수 있습니다.

| 1단계 | 그냥 들으세요! | 독일어 문장 ➡ 우리말 해석 ➡ 독일어 문장 |
| 2단계 | 독일어로 말해 보세요! | 우리말 해석 ➡ 답하는 시간 ➡ 독일어 문장 |

QR코드 활용법

1 스마트폰 카메라를 켜고 QR 코드를 인식시키세요. 아래에 창이 뜹니다.

2 창을 터치하면 mp3와 해설 영상을 볼 수 있는 재생목록이 나옵니다.

3 보충 설명이 있으면 좋은 문장은 짧은 해설 영상으로 담아냈습니다.

4 Kapitel 전체를 한 번에 듣거나 구간별로 들을 수도 있습니다!

일러두기

★ **약어에 관하여:**

이 책에서는 문법 설명을 최대한 간략히 하기 위해 약어를 사용했어요. 첫눈에 보기엔 복잡해 보일 수 있지만 금세 익숙해지실 거예요.

jdm.	jemandem, 사람 목적어 3격	jdn.	jemanden, 사람 목적어 4격
etw.³	etwas Dativ, 사물 목적어 3격	etw.⁴	etwas Akkusativ, 사물 목적어 4격
sich³	재귀대명사 3격	sich⁴	재귀대명사 4격

★ **구어체 표현에 관하여:**

책에만 나오는 엄숙한 표현이 아니라 오늘 당장 베를린 길거리에서 들을 법한 생생한 표현들 위주로 담다 보니, 이 책에는 구어체 표현이 상당히 많이 등장해요. 문법적인 요소가 생략된 경우도 있고, 아주 약간의 비속어들도 포함되어 있죠. 이런 경우 표현 설명에서 주의하시라고 따로 언급해 두었으니, 혹시라도 나중에 말실수하게 될까 걱정하지 않으셔도 된답니다.

차례

네이티브가 입에 달고 사는 표현 100 ···· 9

망각방지장치 ❶ ···· 21, 33, 45, 57
망각방지장치 ❷ ···· 59

네이티브가 리액션 할 때 쓰는 표현 100 ···· 69

망각방지장치 ❶ ···· 81, 93, 105, 117
망각방지장치 ❷ ···· 119

네이티브가 감정·상태를 말할 때 쓰는 표현 100 ···· 129

망각방지장치 ❶ ···· 141, 153, 165, 177
망각방지장치 ❷ ···· 179

네이티브가 취미·관심·취향을 말할 때 쓰는 표현 100 ···· 189

망각방지장치 ❶ ···· 201, 213, 225, 237
망각방지장치 ❷ ···· 239

네이티브가 연애할 때 쓰는 표현 100 ···· 249

망각방지장치 ❶ ···· 261, 273, 285, 297
망각방지장치 ❷ ···· 299

※ 개별 문장의 위치는 도서 맨 뒤의 〈찾아보기〉 코너에서 확인하실 수 있습니다.

Kapitel 1

네이티브가 입에 달고 사는 표현 100

Kapitel 1 전체 듣기

독일 사람들과 함께 일하고, 공부하고, 맥주도 마시면서 유난히 자주 듣게 되는 표현들이 있어요. 쉽고 간단한 문장들 위주니까 잘 외워 뒀다가 적재적소에 써 주면 독일 사람들과 친밀도 상승! 독일어 자신감도 수직 상승!

01 그게 뭐가 되겠어   02 힘 빼고 천천히   03 어쩔 수 없지   04 성격 참 이상해   05 아무리 고민해도
06 내 얘기 좀 들어 봐   07 연락할게   08 그런 거지 뭐   09 확인 또 확인   10 모르면 검색을 해
11 말 편하게 해   12 마음 가는 대로   13 철 좀 들어라   14 나 이름 잘 못 외워   15 가는 중이야
16 나 어때?   17 같이 장 볼 때   18 오늘 메뉴 뭐야?   19 지금 뭐 하는 거야?   20 겉만 번지르르

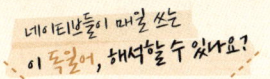

001~005.mp3

Kein Bock.

문법을 지켜 쓰자면 "Ich habe keinen Bock."이지만, 구어체로는 짧게 툭 던지듯 "Kein Bock."이라고 하면 끝. 뭔가를 할 의욕이 없다. 그래서 "귀찮고 하기 싫다."는 의미예요.

★ 이 표현의 유래는 영상을 참조하세요!

So geht es nicht weiter.

이렇게는(so) 더 이상 갈 수 없다. 즉 어떤 일이 지나치게 비생산적이거나 희망이 보이지 않을 때 하는 말입니다.

Das wird nichts.

그것은 아무것도 되지 않아, 즉 "부질없으니 관두자."는 말이에요.

Das ist sinnlos.

sinnlos(무의미한, 무가치한) 자리에 다른 형용사를 넣어주면 얼마든지 변형할 수 있는 문장이에요. 예를 들면, "Das ist seltsam(희한하네)."

Das bringt nichts.

위의 문장과 거의 비슷하지만 약간 다른 표현으로, 아무런 이득도 소득도 없는(bringt nichts) 일인데 왜 붙잡고 있냐는 뉘앙스를 담고 있어요.

001

마음도 의욕도 없을 때

(귀찮아서) 하기 싫어.

002

뭔가가 지속 가능해 보이지 않을 때

이대로는 더 이상 안 돼.

003

그게 뭐가 되겠어 1

부질없어.

004

그게 뭐가 되겠어 2

의미 없어.

005

그게 뭐가 되겠어 3

소용없어.

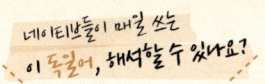

006~010.mp3

Kein Stress!

명사 der Stress(스트레스)에 명사를 부정하는 관사 kein을 붙여서, 영어로 치면 "No stress(스트레스 받지 마)!"라는 의미예요.

Mach dich doch locker.

너 자신을 느슨하게(locker) 만들어라, 즉 힘 빼고 긴장을 풀라는 의미의 표현입니다. doch 없이 "Mach dich locker."라고 하면 명령하는 느낌은 줄고 권유하는 느낌이 더해져요.

Mach dir keinen Kopf.

sich³ (um etw.⁴) einen Kopf machen은 '(~에 대해) 신경 쓰다, 골치 아파하다'라는 관용구예요. 이걸 du 명령형으로 써 주고, einen Kopf를 부정형 keinen Kopf라고 바꾼 표현입니다.

Nimm dir Zeit!

sich³ Zeit nehmen이라고 하면 '찬찬히 시간을 들인다'는 의미예요. 서두르기보다는 차라리 좀 늦더라도 차분한 것을 좋아하는 독일인들이 자주 쓰는 표현입니다.

Lass es einfach (sein).

영어의 "Let it be."와 유사한 표현이에요. "그냥(einfach) 그대로 둬."라는 의미로 끝에 sein 동사는 생략 가능합니다.

006

상대방을 진정시킬 때
스트레스 받지 마.

007

기합이 잔뜩 들어가 있는 상대에게
힘 좀 빼.

008

근심 걱정에 잠긴 상대에게
너무 신경 쓰지 마.

009

급하게 하지 말고
천천히 해.

010

애 쓰지 말고
그냥 그대로 놔 둬.

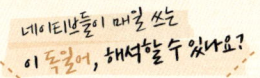

011~015.mp3

011
Was passiert ist, ist passiert.

앞부분은 was가 이끄는 주어절로, '일어난 일'이라고 해석됩니다. 이 주어를 뒷부분이 받아서 "이미 일어난 일은 일어난 것이다(그러니 어쩔 수 없다)."라는 문장이 돼요.

012
Das kann man nicht ändern.

가능/불가능을 나타내는 조동사 können이 포함된 문장으로, 그것은 바꿀 수 없다, 그러니 단념해야 한다는 표현입니다.

★ 일반주어 man에 대한 문법 설명은 영상을 참조하세요!

013
Der Zug ist abgefahren.

우리말과 뉘앙스는 같은데 표현이 살짝 다르죠? 기차(der Zug)가 떠났다는 말인즉슨, 기회를 놓쳤다, 이미 물 건너갔다는 의미입니다.

014
Das kannst du vergessen.

상대가 터무니없는 계획을 하거나 불가능한 일에 매달릴 때, 회의적인 뉘앙스를 담아 그건 (어차피 안 되니까) 그냥 잊어버려도 된다고 말할 때 씁니다.

015
Mal sehen, ob es klappt.

klappen 동사는 구어체 단골 표현으로 해석이 '잘 되다'라는 의미입니다. ob은 '~인지 아닌지'라는 의미의 접속사니까 결국, "잘 되는지 안 되는지 한번 지켜보자(sehen)."라는 문장이네요.

15

네이티브들이 매일 쓰는
이 말, 독일어로 말할 수 있나요?

011

어쩔 수 없지
이미 일어난 일인데 뭐.

012

이미 일어나서 어쩔 수 없는 일을 두고
그건 바꿀 수 없는 일이야.

013

독일어로는 버스 대신 기차
버스는 이미 떠났어.

014

가망 없는 일을 시도하는 상대에게
그건 그냥 잊어 버려.

015

일단은 지켜보는 수밖에
되는지 한번 보자.

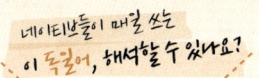

Du setzt mich unter Druck.

관용구 jdn. unter Druck setzen(~를 압박하다)를 활용한 표현입니다.
동사 setzen의 du 현재인칭변화형이 setzst가 아니라 s가 빠진 setzt임에 주의!

Habe ich etwas falsch gemacht?

생전 남의 눈치 안 볼 것 같은 독일인들도 물론 따가운 눈초리에 뜨끔하는 순간들이 있죠.
그럴 때 자신의 억울함과 결벽을 주장하는 표현이랍니다.

Lass ihn in Ruhe.

영어의 사역동사 let에 해당하는 독일어 사역동사 lassen이 사용되었어요.
그를(ihn) 조용히(in Ruhe) 있게 해라(lassen), 즉 "그를 그냥 내버려둬."라는 의미겠죠.

Er sucht das Haar in der Suppe.

우리 정서로도 충분히 이해가 되는 관용구입니다. 맛있는 수프를 먹으면서도 어떻게든 그 속의 머리카락을
찾으려 용쓰는 사람. 그런 까탈스러운 성격을 빗대는 표현이에요.

Was geht dich das an?

angehen이라는 동사의 뜻은 정말 많지만 여기서는 사람을 목적어로 취해서
'~에게 상관이 있다'라는 의미입니다.
*** 따지는 느낌이 강하니 조심해서 사용하세요! ***

016

부담 주고 압박하는 상대에게
넌 나를 너무 압박해.

017

뭔가를 해 놓고서 찝찝한 마음이 들 때
내가 뭐 잘못한 거 있나?

018

엄한 사람 달달 볶지 말고
그를 그냥 내버려 둬.

019

깐깐징어세요?
걔는 어떻게든 흠을 잡지.

020

네가 그걸 왜 신경 쓰냐는 의미
그게 너랑 무슨 상관인데?

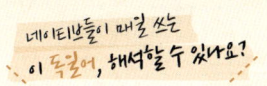

021~025.mp3

021

Ich muss drüber schlafen.

고민거리가 있거나 중요한 결정을 앞두고 있을 땐 그 위에서(drüber*)
하룻밤 자면서 곰곰이 생각해봐야 한다고 표현합니다.
★ 여기 사용된 문법 Da-Verbindung에 대해서는 영상을 참조하세요!

022

Denk mal drüber nach.

über etw.⁴ nachdenken은 '~에 대해 곰곰이 생각하다'라는 숙어입니다.
그것에 대해(drüber) 한번(mal) 고민해 보라는 부드러운 충고 또는 조언의 표현입니다.

023

Keine andere Wahl.

die Wahl은 선택, 선택지라는 의미입니다. (정치에서는 선거라는 의미도 있어요!) 그런데 다른(andere)
선택지가 없다는 건, 마음에 안 드는 결정이라도 어쩔 수 없이 선택해야만 한다는 뜻이겠죠.

024

Muss das so sein?

'~해야만 한다'는 의미의 조동사 müssen을 의문형으로 써 주고, so(그렇게, 그런)를
문장에 넣어서 '그걸 꼭 그렇게…'라는 느낌으로 표현해요.

025

Ich stehe auf dem Schlauch.

der Schlauch는 '고무로 된 호스나 튜브' 같은 것을 말해요.
직역하면 "나는 호스 위에 서 있다."는 문장이 어떻게 '혼란스럽다'라는 표현이 되었을까요?
★ 영상으로 설명드릴게요!

021

중요한 결정일수록 신중하게
하룻밤 자면서 생각해 봐야겠어.

022

아직 잘 모르겠다고? 그렇다면…
한번 고민해 봐.

023

영 탐탁지 않지만
선택의 여지가 없네.

024

별로 납득이 안 가는데
꼭 그래야만 하나?

025

뭔가가 이해되지 않아 혼란스러울 때
뭐가 뭔지 알 수가 없네.

망각방지 장치 1

하루만 지나도 학습한 내용의 50%를 잊어 버립니다. 여러분은 얼마나 잊어 버렸을까요? 확인해 보고 알면 O, 모르면 ×에 표시하고 잊은 표현은 복습하세요.

01 이대로는 더 이상 안 돼.   So geht es nicht _____ .   002

02 되는지 한번 보자.   Mal sehen, ob es _____ .   015

03 걔는 어떻게든 흠을 잡지.   Er sucht das _____ in der _____ .   019

04 넌 나를 너무 압박해.   Du setzt mich unter _____ .   016

05 이미 일어난 일인데 뭐.   Was passiert ist, ist _____ .   017

06 그게 너랑 무슨 상관인데?   Was _____ dich das _____ ?   020

07 뭐가 뭔지 알 수가 없네.   Ich stehe auf dem _____ .   025

08 선택의 여지가 없네.   Keine andere _____ .   023

09 그건 그냥 잊어 버려.   Das kannst du _____ .   014

10 그를 그냥 내버려 둬.   Lass ihn in _____ .   018

11 하룻밤 자면서 생각해 봐야겠어.   Ich muss _____ schlafen.   021

12 너무 신경 쓰지 마.   Mach dir keinen _____ .   008

13 그냥 그대로 놔 둬.   _____ es einfach (_____).   010

14 (귀찮아서) 하기 싫어.   _____ Bock.   001

정답 01 weiter 02 klappt 03 Haar / Suppe 04 Druck 05 passiert 06 geht / an 07 Schlauch
08 Wahl 09 vergessen 10 Ruhe 11 drüber 12 Kopf 13 Lass / (sein) 14 Kein

15	부질없어.	Das wird _____.	○ × 003
16	소용없어.	Das _____ nichts.	○ × 005
17	버스는 이미 떠났어.	Der _____ ist _____ gefahren.	○ × 013
18	꼭 그래야만 하나?	_____ das so sein?	○ × 024
19	스트레스 받지 마.	Kein _____!	○ × 006
20	그건 바꿀 수 없는 일이야.	Das kann man nicht _____.	○ × 012
21	의미 없어.	Das ist _____.	○ × 004
22	내가 뭐 잘못한 거 있나?	Habe ich etwas _____ ge_____?	○ × 017
23	힘 좀 빼.	Mach dich doch _____.	○ × 007
24	천천히 해.	_____ dir Zeit!	○ × 009
25	한번 고민해 봐.	Denk mal drüber _____.	○ × 022

맞은 개수: 25개 중 _____ 개

그동안 _____%를 잊어 버리셨네요.
틀린 문장들은 다시 한번 꼭 보세요.

정답 15 nichts 16 bringt 17 Zug / ab 18 Muss 19 Stress 20 ändern 21 sinnlos
22 falsch / macht 23 locker 24 Nimm 25 nach

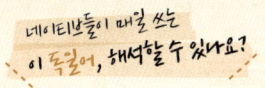

Ehrlich gesagt, ….

ehrlich(솔직하게) 자리에 다른 부사를 넣어서 활용 가능해요!
Einfach gesagt(쉽게 말해서), Kurz gesagt(짧게 말해서).

Verstehe mich nicht falsch, ….

한국어 표현과 비슷한데요, 어떤 민감한 이야기를 할 때 나쁜 의도가 없음을 강조하며
조심스럽게 접근하는 표현입니다.

Verstehst du, was ich meine?

verstehen 동사는 단순히 '내용을 알아들었다, 못 알아들었다'의 의미를 넘어
그 내용에 동조한다는 의미까지도 내포합니다.

Ich bin ganz Ohr.

이 문장을 직역하면 "나는 완전한 귀야." 정도일 텐데, 말은 안 되지만 어쩐지 느낌이 오는 표현이죠?
그만큼 당신의 말에 경청하고 있으니 이야기하라는 의미입니다.

Darum geht es nicht.

Es geht um + etw.'라고 하면 '~에 대한/관한 것이다'라는 숙어인데요, 그것에 대한(darum) 것이 아니야,
즉 "지금 그게 문제가 아니야."라고 상대에게 반박하는 표현입니다.

026

REAL TALK

솔직히 말해서….

027

오해하기 딱 좋은 서두

오해하지 말고 들어.

028

너무 자주 물으면 짜증나니까 가끔씩

뭔 말인지 알아(알지)?

029

상대방의 이야기를 이끌어낼 때

나 열심히 듣고 있어.

030

논점을 못 잡는 상대에게

지금 그게 문제가 아니야.

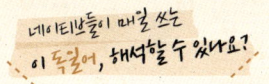

031~035.mp3

Ich melde mich.

재귀동사로 sich⁴ melden이라고 하면 '(메일, 전화 등으로) 연락하다'라는 표현입니다.
빈말이라기보다는 진짜로 연락할 일이 있으니까 연락하겠다는 느낌이에요.

Ich melde mich dann mal.

위와 같은 문장에 dann(그럼) mal(언제 한번)을 넣어주니 굉장히 다른 느낌의 표현이 되었어요.
자주 볼 일도, 연락할 일도 없는 상대에게 그냥 스치듯 하는 얘기.

Ich bin schreibfaul.

이번에는 동사 schreiben(쓰다)에 형용사 faul(게으른)을 붙여서 '쓰는 데 게으른'이라는 합성어가 나왔어요.
문자나 메시지 쓰는 걸 귀찮아하는 사람들이 주로 하는 말입니다.

Störe ich?

'(~을) 방해하다'라는 의미의 동사 stören을 활용한 표현입니다.
직역하면 "내가 방해되니?", 특히 누군가에게 갑자기 전화를 걸 때 많이 써요.

Schickst du mir den Link?

인터넷에 좋은 정보나 유용한 팁이 있으면 서로 나누는 게 인지상정! 공손하게 말하려면 접속법 2식을 써서
"Könnten Sie mir bitte den Link schicken?" 정도로 표현할 수 있겠네요.

031

다음을 기약하는 말
연락할게.

032

기약 없이 하는 말
그럼 언제 한번 연락할게.

033

연락 스타일에 대해
난 문자하는 거 귀찮아.

034

혹시 방해되니?
지금 시간 괜찮아?

035

나중에 더 자세히 보게
그거 링크 좀 보내 줄래?

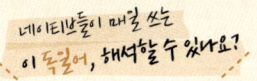

 036

Da tickt jeder anders.

anders ticken이라고 하면 '다른 사고방식을 갖고 행동하다'라는 의미예요.
어떤 주제나 상황을 두고 그 부분에서는(da) 각자가(jeder) 다 다르다는 표현입니다.

 037

Nicht immer, aber fast immer.

단순한 문장이지만 독일인들의 관조적인 태도가 잘 묻어나요.
항상(immer)이라는 말에 담긴 단정짓는 듯한 느낌을 피하고자 애쓰는 표현입니다.

 038

Wer hätte das gedacht.

전혀 예상할 수 없는 일을 두고 "과연 누가 생각이나 할 수 있었겠느냐." 하고 절레절레하는 표현이에요.
★ 여기 사용된 문법인 접속법 2식에 대해서는 영상을 참조하세요!

 039

Es gibt nichts, was es nicht gibt.

우리말의 '없는 것이 없다'의 독일어 버전인데, 약간 냉소적인 뉘앙스의 표현이에요.
별의별 일이 다 일어나는 요지경 세상인데 없는 게 있겠냐는 느낌이랄까요.

 040

Es ist, wie es ist.

가끔은 이렇게 단순한 낱말들로 구성된 문장이 오히려 더 네이티브스러워요.
어떤 상황에서 어떤 뉘앙스로 쓰느냐에 따라 의미는 천차만별이겠죠?

036

어떤 상황, 문제에 대해
그건 사람마다 다르지.

037

뻔한 일을 두고
항상 그런 건 아니지만 대개 그렇지.

038

예상치 못한 상황, 결과를 두고
누가 생각이나 했겠어.

039

이 세상엔 별의별 일이 다 있다니까
없다고 장담할 일이 아니야.

040

체념, 받아들임, 또는 무관심
그냥 그런 거지 뭐.

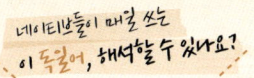

041~045.mp3

Geht das?

간단하면서도 정말이지 네이티브스러운 표현! 어떤 일이 시간적으로나 물리적으로, 또는 상황상 가능한지(괜찮은지) 물을 때 광범위하게 사용 가능해요. 무거운 짐을 옮길 때나 힘들고 아슬아슬한 일을 할 때, "잘 잡았어?", "그대로 괜찮겠어?" 등의 의미로 많이 씁니다.

Sicher ist sicher.

우리말에 '좋은 게 좋은 거다'라는 표현이 있듯, 독일어에는 '안전한 게 안전한 거다'라는 표현이 있어요. 벌써 의미가 짐작이 가시죠?

Für den Fall der Fälle.

Fall der Fälle 부분만 보면 '경우들의 경우'라는 의미예요. 경우들의 경우를 위해서, 즉 모든 경우를 위해서 준비를 단단히 해야 한다는 표현입니다.

Da bin ich ein gebranntes Kind.

ein gebranntes Kind는 말 그대로 '불에 한 번 데인 적 있는 아이'인데요. 이처럼 자신이 어떤 일에 있어서 한 번 크게 당한 전적이 있어서 각별히 조심스러운 상태임을 알리는 표현입니다.

Pass auf dich auf!

auf + 4격 목적어 + aufpassen이라고 하면 어떤 대상이나 물건을 잘 케어한다는 의미예요. 여기서는 du 명령형에 목적어도 dich니까 결국 네가 너 자신을 잘 케어하라는 의미겠죠?

041

확인차 많이 하는 질문

그거 돼? / 괜찮겠어?

042

확인 또 확인!

확실한 게 제일이지.

043

모든 경우의 수에 대비하자

혹시 모르는 거니까.

044

안 좋은 경험, 트라우마가 있는 일에 대해

그 부분은 내가 크게 당한 적이 있어 (서 조심스러워).

045

위험할지도 모르니까

몸 조심해!

Da kenne ich mich aus.

재귀동사 sich⁴ auskennen은 '잘 알다, 통달하다'라는 의미예요.
Da는 '그 부분에서/거기에서' 정도로 번역됩니다.

Das ist idiotensicher.

재미있는 합성어가 나왔네요? der Idiot(바보) + sicher(안전한),
즉 바보들도 안전하게 할 수 있을 만큼 쉽고 간단하다는 의미입니다.

Ich google das mal.

검색 엔진의 대명사 Google을 동사화하여 googlen(검색하다)라고 씁니다.
우리말의 '좀'과 같은 느낌인 mal을 문장에 넣어서 자연스럽게 표현해요.

Google doch mal!

앞에 나온 동사 googlen(검색하다)을 명령형으로 쓰고, 문장의 의미를 한층 강조해 주는 doch를 덧붙여서
살짝 '버럭' 하는 느낌으로 표현합니다. 친한 사이에만 쓰세요!

Dafür sind sie doch da.

복수대명사 sie가 가리키는 대상은 사람이 될 수도 있고(예: 직원분들, 선생님들),
사물(예: 공용 손소독제)이 될 수도 있어요. 뭐가 됐든 적극적으로 활용하라는 의미의 표현입니다.

046

익숙한 분야, 지역, 경험 등에 대해
나 그거 잘 알아.

047

바보도 할 수 있을 만큼
그거 엄청 쉬운 거야.

048

그거 뭔지 잘 모르겠으니까
검색 좀 해 봐야겠다.

049

왜 다 나한테 물어 봐
모르면 검색을 좀 해!

050

적극적으로 활용해야지!
그러라고 있는(계신) 것들(분들)인 걸.

망각방지 장치 1

하루만 지나도 학습한 내용의 50%를 잊어 버립니다. 여러분은 얼마나 잊어 버렸을까요? 확인해 보고 알면 O, 모르면 ×에 표시하고 잊은 표현은 복습하세요.

01	지금 시간 괜찮아?	_____ ich?	034
02	그냥 그런 거지 뭐.	Es ist, _____ es ist.	040
03	오해하지 말고 들어.	_____ mich nicht falsch, … .	027
04	없다고 장담할 일이 아니야.	Es _____ , was es nicht gibt.	038
05	그건 사람마다 다르지.	Da _____ jeder anders.	034
06	나 열심히 듣고 있어.	Ich bin ganz _____ .	029
07	누가 생각이나 했겠어.	Wer _____ das ge_____ .	036
08	그거 돼? / 괜찮겠어?	_____ das?	041
09	그거 엄청 쉬운 거야.	Das ist _____ sicher.	047
10	그거 링크 좀 보내 줄래?	Schickst du _____ den _____ ?	035
11	항상 그런 건 아니지만 대개 그렇지.	Nicht _____ , aber fast _____ .	037
12	혹시 모르는 거니까.	Für den Fall der _____ .	043
13	몸 조심해!	Pass _____ dich _____ .	045
14	검색 좀 해 봐야겠다.	Ich _____ das mal.	048

정답 01 Störe 02 wie 03 Verstehe 04 gibt nichts 05 tickt 06 Ohr 07 hätte / dacht 08 Geht
09 idioten 10 mir / Link 11 immer / immer 12 Fälle 13 auf / auf 14 google

15	모르면 검색을 좀 해!	Google doch mal!	049
16	솔직히 말해서….	Ehrlich gesagt, ….	026
17	확실한 게 제일이지.	Sicher ist sicher.	042
18	지금 그게 문제가 아니야.	Darum geht es nicht.	030
19	뭔 말인지 알아(알지)?	Verstehst du, was ich meine?	028
20	나 그거 잘 알아.	Da kenne ich mich aus.	046
21	그 부분은 내가 크게 당한 적이 있어(서 조심스러워). Da bin ich ein gebranntes Kind.		044
22	난 문자하는 거 귀찮아.	Ich bin schreibfaul.	033
23	연락할게.	Ich melde mich.	031
24	그럼 언제 한번 연락할게.	Ich melde mich dann mal.	032
25	그러라고 있는(계신) 것들(분들)인 걸. Da / da für sind die doch.		050

맞은 개수: 25개 중 ____개

그동안 ____%를 잊어 버리셨네요.
틀린 문장들은 다시 한번 꼭 보세요.

정답 15 Google 16 Ehrlich 17 sicher 18 Da 19 was / meine 20 kenne 21 branntes 22 faul
23 mich 24 mich / mal 25 Da / da

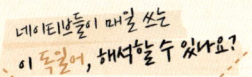

Wir können uns gern duzen.

독일어에는 duzen(서로 du라고 부르는 것, 일종의 반말)과 Siezen(Sie 존댓말)이 있어요.
주로 나이 많은 사람 쪽에서 초반에 호칭을 정리할 때 쓰는 표현입니다.

Mach, was du willst.

영어의 동사 do에 해당하는 machen을 명령형으로 쓰고, 동사의 목적어 자리에는
'네가 원하는 것'이라는 의미의 was du willst를 써 주었어요.

Wasch dir die Ohren!

직역하면 "귀 좀 씻어라!"라는 표현인데요. 말귀를 못 알아들어서 했던 말 또 하게 만드는
상대에게 장난식으로 쓸 수 있는 표현입니다.
*** 말할 때 어투에 주의하세요! ***

Glück gehabt!

주어, 동사를 생략해서 짧고 간결하게 표현합니다.
뜻밖에 횡재했다거나 아슬아슬하게 나쁜 일을 피했을 때 써요.

Fahr doch!

fahren 동사의 du 명령문에 의미를 강조하는 doch를 붙여서 강하게 표현해 줍니다.
앞의 차/자전거가 안 가고 미적거려서 성질날 때 외쳐 보아요!
*** 싸움 날 수 있으니까 소심하게…! ***

051

더 이상 거리감 들지 않게
우리 말 편하게 해요.

052

속뜻: 하기만 해 봐, 너
네 마음대로 해.

053

말귀를 못 알아듣는 상대에게
귀 좀 파고 다녀!

054

예기치 못한 행운에 대해
운이 좋았어!

055

운전 뭐같이 하네
빨리 좀 가라!

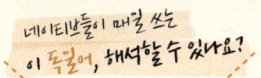

056
Das ist ein schlechtes Zeichen.

das Zeichen은 '사인, 시그널' 정도로 번역됩니다.
뭔가 불길하고 찜찜한 징조가 보일 때 던질 수 있는 말이에요.

057
Ich traue mich nicht.

재귀동사 sich²(etw.⁴) trauen은 '(~할) 용기를 내다, 감히 ~하다'라는 의미입니다.
여기서는 nicht가 들어갔으니 부정의 의미가 되겠죠?

058
Höre auf deinen Bauch.

독일어에서 der Bauch(배)는 단순한 신체 부위를 넘어,
마음 속 깊은 곳의 솔직하고 원초적인 감정이 담긴 곳으로 표현됩니다.
auf + 4격 목적어 + hören이라고 하면 '목적어(의 충고)를 듣고 그대로 하다'라는 의미예요.

059
Das kriegen wir schon hin.

kriegen(얻다) 동사는 bekommen(얻다) 동사의 구어체 표현인데요.
여기에 분리전철 hin을 붙이면 '~를 가까스로 해내다, 얻어내다'라는 의미가 됩니다.

060
Das ist kein Beinbruch.

직역하면 다리(Bein)가 부러진(-bruch) 것도 아닌데 호들갑 떨 것 없다라는 얘긴데요.
★ 여기에는 역사적인 배경이 있어요, 도움 영상을 참조하세요!

056

조상님이 주시는 힌트
그거 안 좋은 조짐인데.

057

자신 없고 주눅 들 때
(그럴) 엄두가 안 나.

058

갈팡질팡하는 상대에게
네 마음이 시키는 대로 해.

059

상대방 또는 서로를 격려할 때
그거라면 충분히 해낼 수 있을 거야.

060

세상 다 끝난 것처럼 그러지 마
그렇게 나쁜 일도 아니야.

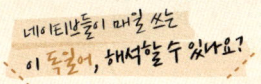

061~065.mp3

Ich bin kein Fan davon.

"나는 그것의(davon) 팬이 아니야.", 즉 어떤 사물이나 상황을 두고 나는 그런 거에 별로 열광하지 않는다는 표현입니다.

Werde erwachsen!

'~하게 되다'라는 의미의 동사 werden의 du 명령형과 형용사 erwachsen(성인인, 어른스러운)이 만나 어른이 되어라!, 즉 "철 좀 들어라."는 날카로운 한 마디가 됩니다.

Ich mache mich bettfertig.

das Bett(침대)와 fertig(준비된)가 합쳐서 bettfertig(자러 갈 준비된), 귀여운 단어죠? 그냥 "Ich mache mich fertig."라고만 하면 "외출 준비하다."라는 의미가 된답니다.

Wach auf!

aufwachen 하면 '잠에서 깨다'라는 자동사입니다. 말 그대로 일어나라는 뜻도 되지만 비유적으로 "정신 차려."라는 의미도 돼요. 참고로 '잠을 깨우다'라는 타동사는 aufwecken.

Mach kein Drama draus!

앞서 나왔던 Da-Verbindung이 또 나왔죠? 그걸 가지고(draus) 드라마 찍지 마!, 즉 "지나치게 감정적으로 굴지 말라."는 일침입니다.

061

싫다는 건 아니지만
난 그거 별로 안 좋아해.

062

철이 없었죠
철 좀 들어라.

063

슬슬 자러 가야 할 때
나 잘 준비한다.

064

아직도 그러고 있니
일어나! / 정신 차려!

065

혼자 드라마 찍니?
그런 걸로 오버하지 마!

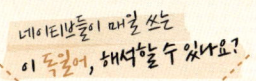

066~070.mp3

066
Ich bin mit Namen schlecht.

mit + 3격 목적어 + schlecht sein이라고 하면 '~를 잘 못한다, 못 다룬다'는 의미예요.
좀 더 어려운 표현은 "Mein Namengedächtnis ist schlecht(내가 이름 기억력이 나빠)."

067
Macht nichts.

주어 es가 생략된 문장으로, 미안해하는 상대에게 '그건 아무것도 아니니까 괜찮아'라는 의미로 씁니다.

068
Kein Ding.

명사 das Ding은 영어의 thing과 모양도 의미도 비슷해요. 명사를 부정하는 kein을 붙여서 '그거 뭐 아무것도 아니야, 힘든 일 아니야' 하고 고맙다는 말에 겸손하게 대응할 수 있어요.

069
Dafür habe ich keinen Puffer.

Puffer haben은 '여유/여력이 있다'라는 의미예요. 그걸 위해서는(dafür) 내가 여력이 없다는 표현으로, Puffer 대신 Zeitpuffer라고 보다 구체적으로 써 줄 수도 있어요.
★ 이 귀여운 표현의 유래는 영상에서!

070
Das ist die halbe Miete.

독일살이에서 월세(die Miete)는 아주 중요한 일입니다.
그런데 그 월세의 반절(die halbe Miete)이라니, 대단히 큰 부분이겠죠?

066

그 친구 이름이 뭐였더라
나 이름 잘 못 외워.

067

미안해하는 상대에게
괜찮아. / 신경 쓰지 마.

068

고마워 하는 상대에게
천만에. / 별거 아냐.

069

keine Zeit보다 캐주얼한 표현
그거 할 시간 여유가 없어.

070

어떤 일에서 아주 중요한 과정을 두고
그거면 벌써 반은 한 거지.

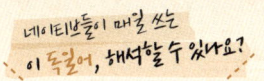

071~075.mp3

Ich bin (schon) unterwegs.

unterwegs는 이동 중이라는 의미의 부사예요. 지금 어디 가는 중이라서 바쁘다는 뜻도 되고, schon(이미)을 넣어 주면 약속 장소를 향해 벌써 출발했다는 뜻도 돼요.

Ich bin (schon) auf dem Weg.

바로 앞 문장보다 좀 더 확실하게 "내가 (이미) 그쪽으로 가고 있는 중이다."라고 말할 때 씁니다.

Ich bin mit dem Fahrrad da.

보통 "Ich fahre mein Fahrrad."이라고 표현하기 쉬운데, 그보다는 이 문장이 더 자연스럽고 구어체에 가까운 표현이에요.

Ich schiebe mein Fahrrad.

자전거를 타지 않고 끌고 걸어갈 때는 '밀다'라는 의미의 schieben 동사를 써서 표현합니다.
*** 불규칙동사 암기! schieben – schob – geschoben ***

Mein Fahrrad wurde geklaut!

자전거가 중요한 교통수단인 만큼 일단 도둑맞으면 정말 세상이 무너지는 느낌이에요.
★ 이 문장에 사용된 수동태 문법이 궁금하다면 영상을 참조하세요!

071
"어디냐? / 뭐 하냐?"는 질문에
나 이동 중이야.

072
"어디냐?"는 질문에
나 가는 중이야.

073
"올 때 뭐 타고 와?"라는 질문에
나 자전거 타고 가.

074
독일어로는 '끌다' 아니고 '밀다'!
나 자전거 끌고 가는 중.

075
자전거 도둑은 삼대가 망해라
내 자전거 도둑맞았어!

망각방지 장치 1

하루만 지나도 학습한 내용의 50%를 잊어 버립니다. 여러분은 얼마나 잊어 버렸을까요? 확인해 보고 알면 O, 모르면 ×에 표시하고 잊은 표현은 복습하세요.

01 귀 좀 파고 다녀!   Wasch dir die _____ .

02 일어나! / 정신 차려!   Wach _____ !

03 그거 안 좋은 조짐인데.   Das ist ein schlechtes _____ .

04 그렇게 나쁜 일도 아니야.   Das ist kein _____ bruch.

05 그거면 벌써 반은 한 거지.   Das ist die halbe _____ .

06 네 마음대로 해.   Mach, _____ du _____ st.

07 나 자전거 타고 가.   Ich bin mit dem _____ da.

08 나 자전거 끌고 가는 중.   Ich _____ mein Fahrrad.

09 내 자전거 도둑맞았어!   Mein Fahrrad wurde ge _____ !

10 천만에. / 별거 아냐.   _____ Ding.

11 그런 걸로 오버하지 마!   Mach kein _____ draus!

12 그거 할 시간 여유가 없어.   Da _____ habe ich keinen _____ .

13 그거라면 충분히 해낼 수 있을 거야.   Das kriegen wir _____ .

14 우리 말 편하게 해요.   Wir können uns gern _____ .

정답 01 Ohren 02 auf 03 Zeichen 04 Bein 05 Miete 06 was / will 07 Fahrrad 08 schiebe 09 klaut 10 Kein 11 Drama 12 für / Puffer 13 schon hin 14 duzen

15	네 마음이 시키는 대로 해.	Höre auf deinen _____.	058
16	나 잘 준비한다.	Ich mache mich bett_____.	063
17	나 이름 잘 못 외워.	Ich bin _____ Namen schlecht.	066
18	나 가는 중이야.	Ich bin _____ auf dem _____.	072
19	나 이동 중이야.	Ich bin _____ unter _____.	071
20	난 그거 별로 안 좋아해.	Ich bin kein _____ da _____.	061
21	(그럴) 엄두가 안 나.	Ich traue _____ _____.	057
22	철 좀 들어라	_____ erwachsen!	062
23	운이 좋았어!	Glück ge_____!	054
24	빨리 좀 가라!	_____ doch!	055
25	괜찮아. / 신경 쓰지 마.	_____ nichts.	067

맞은 개수: 25개 중 _____ 개

그동안 _____%를 잊어 버리셨네요.
틀린 문장들은 다시 한번 꼭 보세요.

정답 15 Bauch 16 fertig 17 mit 18 (schon) / Weg 19 schon / wegs 20 Fan / von 21 mich nicht
22 Werde 23 habt 24 Fahr 25 Macht

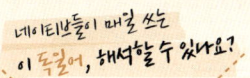

076

Kann ich so gehen?

직역하면 "나 이러고 가도 돼?"라는 의미예요. 독일 사람들이 외모나 옷차림에 크게 연연하지 않는다고는 하지만, 그래도 한 번쯤 확인받고 싶을 때 쓰는 표현이랍니다.

077

Warst du beim Friseur?

독일에서 외모 이야기는 되도록 안 하는 게 좋지만, 누가 봐도 머리를 새로 하고 온 상대방에게는 한 번쯤 물어보는 것도 나쁘지 않아요. '미용실 가다'는 zum Friseur gehen이라고 합니다.

078

Danke, ich schaue nur.

혼자 조용히 쇼핑하는 거 좋아하는 분들 주목! 점원이 "Kann ich Ihnen helfen(도와 드릴까요?)" 또는 "Suchen Sie etwas Bestimmtes(찾으시는 거 있으세요?)" 하고 다가올 때 정중하게 거절하는 표현이에요.

079

Mit Karte, bitte.

물론 "Ich möchte mit Karte bezahlen…." 이런 식으로 구구절절 표현할 수도 있겠지만, 네이티브는 뭐다? 쉬운 독일어로 말한다!

080

Pi mal Daumen….

파이(Pi = π) 곱하기(mal) 엄지손가락(der Daumen) 하면, 그다지 정확한 계산 결과가 나오기는 힘들겠죠? 이렇게 원가를 아주 대략적으로 계산할 때 자주 쓰는 말입니다.

네티즌들이 매일 쓰는
이 말, 독일어로 말할 수 있나요?

076

그러고 나가니?
나 어때?

077

헤어스타일이 달라 보이네
미용실 갔다 왔어?

078

도와주신다니 감사한데
그냥 보는 거예요.

079

마트, 식당, 카페 등에서
카드로 계산할게요.

080

대략적인 계산값을 구할 때
주먹구구로 대충 계산하면….

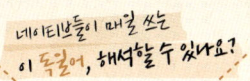

081~085.mp3

Soll ich was mitbringen?

친구나 지인의 집에 초대받아서 갈 때 물어보면 좋은 표현이에요. 아직은 어려운 사이라면 예의상 아무것도 사 오지 말라 하겠지만, 그리 비싸지 않은 와인이나 초콜릿 정도는 사 가면 좋아요.

Haben wir noch Bier zuhause?

noch는 '아직, 여전히'라는 의미예요. Bier 자리에 Reis(쌀), Ketchup(케첩) 등 다양한 명사를 넣어서 활용해 보세요.

Brauchen wir noch was?

다른 사람과 함께 이것저것 장을 보다가 잊은 게 없는지 확인할 때 쓰면 딱 좋은 표현이에요.

Soll ich was nehmen?

당위성을 나타내는 조동사 sollen이 들어간 표현으로, 직역하면 "내가 (너에게서) 뭔가를 가져오는 게 좋을까?", 즉 "네가 짐이 많으니까 내가 뭐 들어줄 거 없니?"라는 의미입니다.

Kannst du das kurz halten?

이렇게 쉬운 표현을 그때 저는 왜 몰랐을까요! 잠깐 뭐 하느라고 내 물건을 상대방에게 들고 있어 달라고 부탁하는 표현입니다.

081

타인의 집에 초대받아서 놀러갈 때
뭐 필요한 거 있으면 사 갈까?

082

없다면 이건 비상사태
집에 맥주 있나?

083

같이 장을 볼 때 단골 멘트
우리 또 뭐 필요한 거 있나?

084

짐이 많은 상대에게
뭐 들어 줄까?

085

손이 모자랄 때
이것 좀 잠깐 들어 줄래?

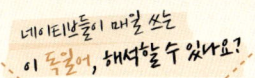

086

Was gibt's heute?

es gibt + 4격 목적어라고 하면 '~이 있다'라는 의미인데요. "Was gibt's?"라고 하면 "무슨 일 있어?". 그런데 여기에 heute를 붙여 주면 "오늘 식사 메뉴는 뭐냐?"는 질문이 돼요.

087

Ich esse alles.

정말 쉬운데 원어민스러운 표현입니다. 직역하면 "나는 모든 것을 먹는다."가 돼요. 독일에는 특정 식재료에 알레르기가 있는 사람들이나 채식주의자가 많다 보니 이렇게 모든 것을 먹는 사람이 흔치 않아요.

088

Schmeckt's?

풀어 쓰면 "Schmeckt es?". 즉 "그 음식이 맛있나?"라는 의미예요. 주로 요리를 한 사람이 먹는 사람에게 확인차 이렇게 질문하곤 합니다.

089

Die Milch ist schon abgelaufen.

어떤 식품의 유통기한이 지났을 때, (식품 이름) ist abgelaufen이라고 표현합니다. '이미, 진작에'라는 뜻의 schon을 넣어서 의미를 한층 강조할 수 있어요.

090

Vorsicht, heiß!

"Vorsicht!"이라고 하면 "조심해"라는 표현입니다. heiß 자리는 schwer(무겁다), rutschig(미끄럽다) 등 다른 형용사로 대체 가능해요.

086

소시지 반찬이었으면 좋겠다

오늘 메뉴 뭐야?

087

알레르기, 음식 호불호를 묻는 질문에 대해

난 가리는 거 없이 다 잘 먹어.

088

음식이 입에 맞냐고 물을 때

맛있어?

089

엄마: 냉장고에 있던 거니까 먹어도 돼!

이 우유 유통기한 지났어.

090

뜨거운 것을 건네주면서

뜨거우니까 조심해!

091~095.mp3

091
Kein Bier vor vier.

맥주에 대한 수많은 관용 표현 중 가장 대표적인 것을 소개합니다.
물론 4시(vier)가 오전이냐 오후냐에 대해서는 의견이 분분하지요.

092
Noch eins?

여기서 eins는 ein Glas Bier를 가리켜요. 물론 다른 사물이 대상일 때도
"하나 더?"라는 의미로 얼마든지 쓸 수 있지만, 역시 맥주 마실 때 가장 유용한 표현입니다.

093
Was machst du gerade?

비교적 평이하고 상상하게 말하면 정말 궁금해서 뭐 하는지 물어보는 의미.
윽박지르듯 말하면 "지금 이게 뭔 짓거리야!" 하고 화내는 의미가 돼요.

094
Er hat heute (die) Schule geschwänzt.

명사로 der Schwanz라고 하면 꼬리(섹슈얼한 의미도 있으니 주의), 동사로 schwänzen이라고 하면
도마뱀이 꼬리를 자르고 도망가듯 뭔가를 건너뛰는 것, 즉 땡땡이치는 것을 말해요.

095
Bleib auf dem Teppich!

김칫국 잔뜩 마시고 헛된(혹은 불확실한) 기대에 잔뜩 부푼 사람에게 자중하라는 의미의 표현이에요.
★ 왜 하필 카페트(der Teppich)일까요? 영상에서 알아봅시다!

091

낮술에 대한 경각심(?)의 표현

4시 전엔 맥주 금지.

092

맥주잔이 비어갈 때

한 잔 더?

093

뉘앙스에 따라 다른 의미

지금 뭐 해?

094

다니엘이 오늘 왜 안 보이지?

걔 오늘 학교 땡땡이쳤어.

095

현실 감각이 떨어질 때

붕 뜨지 말고 자중해!

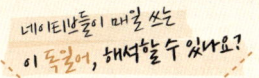

096
Außen hui, innen pfui.

아마존 상품후기에서 많이 볼 법한 표현입니다. 겉은 감탄사(Hui)가 나올 만큼 그럴싸한데, 열어 보면 어휴(Pfui) 소리가 절로 나오게 실망스러운 경우를 말해요.

097
Wer billig kauft, kauft doppelt.

직역하면 "싸게 사는 사람은, 두 번 산다.". 즉 무조건 저렴한 걸 샀다가 결국 망가져서 새로 사지 말고, 이왕 사는 거 좋은 걸로 사라는 의미입니다.

098
Viel Lärm um nichts.

우리말 속담과 무척 비슷한 표현이에요. 아무것도 아니면서(nichts) 소리(der Lärm)만 요란한 상황 또는 사람을 두고 이렇게 말합니다.

099
Kleinvieh macht auch Mist.

직역하면 "조그만 짐승도 똥무더기를 만든다." 그러니까, 아무리 작은 것이라도 모이면 큰 것이 된다는 긍정 또는 부정의 의미로 둘 다 사용 가능한 표현입니다.

100
Das ist ja total 08/15.

08/15라 쓰고 Nullachtfünfzehn이라 읽어요. 어떤 흔하고 평범한 사람 또는 대상을 두고, 시시하다는 뉘앙스를 담아 쓰는 표현입니다.

★ 유래가 뭐냐구요? 영상을 참조하세요!

네이티브들이 매일 쓰는
이 말, 독일어로 말할 수 있나요?

096

막상 까보면 별거 아닌데
겉만 번지르르하다.

097

이럴 거면 좋은 걸로 살 걸
싼 게 비지떡.

098

별것도 아닌 게
빈 수레가 요란하다.

099

힘내자 개미들아
티끌 모아 태산이다.

100

흔함과 별 볼일 없음 사이의 그 어드메
그거 완전 흔해 빠졌잖아.

망각방지 장치 1

하루만 지나도 학습한 내용의 50%를 잊어 버립니다. 여러분은 얼마나 잊어 버렸을까요? 확인해 보고 알면 ○, 모르면 ×에 표시하고 잊은 표현은 복습하세요.

01	뭐 필요한 거 있으면 사 갈까?	Soll ich was mit _____ ?	081
02	미용실 갔다 왔어?	Warst du _____ Friseur?	077
03	겉만 번지르르하다.	_____ en hui, _____ nen pfui.	098
04	뜨거우니까 조심해!	_____ , heiß!	090
05	이 우유 유통기한 지났어.	Die Milch ist schon ab _____ .	069
06	오늘 메뉴 뭐야?	Was _____ 's heute?	086
07	집에 맥주 있나?	Haben wir noch Bier _____ ?	082
08	나 어때?	Kann ich so _____ ?	076
09	그거 완전 흔해 빠졌잖아.	Das ist ja total _____ / _____ .	100
10	카드로 계산할게요.	_____ Karte, bitte.	079
11	붕 뜨지 말고 자중해!	Bleib auf dem _____ !	095
12	주먹구구로 대충 계산하면….	Pi _____ Daumen….	080
13	4시 전엔 맥주 금지.	Kein Bier vor _____ .	091
14	빈 수레가 요란하다.	Viel Lärm _____ nichts.	098

정답 01 bringen 02 beim 03 Auß / in 04 Vorsicht 05 gelaufen 06 gibt 07 zuhause 08 gehen 09 08/15 10 Mit 11 Teppich 12 mal 13 vier 14 um

15	한 잔 더?	▨▨▨▨ eins?	092
16	그냥 보는 거예요.	Danke, ich ▨▨▨▨ nur.	078
17	뭐 들어 줄까?	▨▨▨▨ ich was nehmen?	084
18	걔 오늘 학교 땡땡이쳤어.	Er hat heute Schule ▨▨▨▨.	094
19	우리 또 뭐 필요한 거 있나?	▨▨▨▨ wir noch was?	083
20	이것 좀 잠깐 들어 줄래?	▨▨▨▨ st du das kurz ▨▨?	085
21	난 가리는 거 없이 다 잘 먹어.	Ich esse ▨▨▨▨.	087
22	지금 뭐 해?	Was machst du ▨▨▨▨?	093
23	맛있어?	▨▨▨▨'s?	088
24	싼 게 비지떡.	▨▨▨▨ billig kauft, kauft ▨▨▨▨.	097
25	티끌 모아 태산이다.	▨▨▨▨ macht auch Mist.	099

맞은 개수: 25개 중 _____개

그동안 _____%를 잊어 버리셨네요.
틀린 문장들은 다시 한번 꼭 보세요.

· 정답 15 Noch 16 schaue 17 Soll 18 geschwänzt 19 Brauchen 20 Kann / halten 21 alles
22 gerade 23 Schmeckt 24 Wer / doppelt 25 Kleinvieh

망각방지장치 2

일주일이 지나면 학습한 내용의 70%를 잊어 버립니다. 여러분은 얼마나 잊어 버렸을까요? 대화문으로 확인해 보고 잊은 표현은 복습해 보세요.

01 독일에 처음 와서 독일어가 서툰 에밀리

Unterhaltung01.mp3

Emily 엄두가 안 나,[57] auf Deutsch was zu sagen.

Daniel 천천히 해![9] Dein Deutsch wird doch immer besser.

Emily Das sagst du doch nur so.

Daniel Glaub einfach an dich!

02 독일인 친구 집에 초대받은 에밀리

Unterhaltung02.mp3

Daniel Wo steckst du?

Emily 나 벌써 가는 중이야.[72] 뭐 필요한 거 있으면 사 갈까?[81]

Daniel Ein paar Bier, vielleicht?

Emily 4시 전엔 맥주 금지![91]

Daniel Ach du, heute ist ja Samstag!

단어 stecken 처박혀 있다

01

에밀리   독일어로 무슨 말을 할 ich traue mich nicht. [57]

다니엘   **Nimm dir Zeit!** [9] 네 독일어 갈수록 좋아지고 있는 걸.

에밀리   너 괜히 말만 그렇게 하는 거잖아.

다니엘   그냥 너 자신을 믿어!

02

다니엘   어디야?

에밀리   **Ich bin schon auf dem Weg.** [72] **Soll ich was mitbringen?** [81]

다니엘   맥주 몇 병 정도?

에밀리   **Kein Bier vor vier!** [91]

다니엘   에이, 오늘 토요일이잖아!

03 독일 대학에 지원하는 에밀리

Unterhaltung03.mp3

Daniel Wie läuft's mit der Bewerbung?

Emily Nicht gut. Sie wollen einfach zu viele Unterlagen!

Daniel 나 그거 잘 알아. ⁴⁶ Brauchst du meine Hilfe?

Emily Danke, aber 검색 좀 해 볼게. ⁴⁸

단어 die Bewerbung (입학/입사) 지원, 원서   die Unterlage 서류

04 불합격 통보를 받은 에밀리

Unterhaltung04.mp3

Emily 이대로는 더 이상 안 돼. ²

Danie Was ist los, Emily?

Emily Ich habe eine Absage von der Uni bekommen.

Daniel Oh nein, kann ich dich irgendwie aufmuntern?

Emily Lass es, 부질없어. ³

단어 die Absage 취소, 거절, 불합격   jdn. aufmuntern ~를 격려하다, 기분 전환시키다

03

다니엘　지원하는 건 어떻게 돼 가?

에밀리　별로야. 요구하는 서류가 너무 많아!

다니엘　**Da kenne ich mich aus.** [46] 내가 도와 줄까?

에밀리　고맙지만, **ich google das mal.** [48]

04

에밀리　**So geht es nicht weiter.** [2]

다니엘　무슨 일이야, 에밀리?

에밀리　나 그 대학에서 불합격 통보받았어.

다니엘　아 이런, 내가 어떻게 기분 전환이라도 시켜 줄까?

에밀리　됐어, **das wird nichts.** [3]

05 비자 문제로 고민하는 에밀리

Unterhaltung05.mp3

Emily Ich weiß nicht, was ich mit meinem Aufenthaltstitel machen soll.

Daniel 오해하지 말고 들어, [27] wenn du einen Deutschen heiratest….

Emily Hey, 그건 어차피 안 되니까 그냥 잊어 버려. [14]

Danie 한번 생각해 봐. [22]

단어 der Aufenthaltstitel 외국인 체류증

06 우울하다는 핑계로 충동구매를 일삼는 에밀리

Unterhaltung06.mp3

Daniel Na, 지금 뭐 해? [93]

Emily Ich bin am Shoppen. Warte kurz – 카드로 계산할게요! [79]

Daniel Was hast du denn so gekauft?

Emily Einfach dies und das vom Euro-Shop.

Daniel Pass auf, 싼 게 비지떡이야. [97]

단어 shoppen 쇼핑하다　das Shoppen 쇼핑, 쇼핑하기

05

에밀리　내 체류증을 어떻게 해야 좋을지 모르겠어.

다니엘　**Verstehe mich nicht falsch,** [27] 네가 독일인이랑 결혼하면….

에밀리　야, **das kannst du vergessen.** [14]

다니엘　**Denk mal drüber nach.** [22]

06

다니엘　여보세요, **was machst du gerade?** [93]

에밀리　나 쇼핑 중이야. 잠시만 – **Mit Karte, bitte!** [79]

다니엘　뭘 그렇게 샀는데?

에밀리　그냥 천 원 숍에서 이것저것.

다니엘　조심해, **wer billig kauft, kauft doppelt.** [97]

07 돈 관리에 실패한 에밀리

Unterhaltung07.mp3

Emily Wie blöd, ich konnte zum ersten Mal eine Rechnung nicht bezahlen.

Daniel 그거 안 좋은 조짐인데. [56] Wie viel Geld hast du denn letzten Monat ausgegeben?

Emily 주먹구구로 대충 계산하면…. [80] Ungefähr 1,000Euro?

Daniel Du verdienst aber viel weniger als das.

Emily 넌 나를 너무 압박해. [16]

단어 blöd 바보 같은 zum ersten Mal 처음으로 die Rechnung 영수증, 고지서 ausgeben 지출하다
verdienen 얻다, 돈을 벌다

08 다니엘을 멀리하는 에밀리

Unterhaltung08.mp3

Daniel Hey, wieso ignorierst du mich? 내가 뭐 잘못한 거 있어? [17]

Emily Nichts. 그냥 문자하는 거 귀찮아. [33]

Daniel Sag, was los ist! 뭐가 뭔지 알 수가 없네. [25]

Emily 솔직히 말하면…. [26] Ach nö, 너무 신경 쓰지 마. [8]

Daniel Emily!!

단어 etw.⁴ / jdn. ignorieren ~를 무시하다, 모른 척하다   nö nein(아니)의 구어체 표현

07

에밀리 바보 같아, 나 처음으로 고지서 하나 못 냈어.

다니엘 **Das ist ein schlechtes Zeichen.** [56] 지난달에 돈 얼마나 썼는데?

에밀리 **Pi mal Daumen ….** [80] 1,000유로 정도?

다니엘 너 그런데 그것보다 훨씬 적게 벌잖아.

에밀리 **Du setzt mich unter Druck.** [16]

08

다니엘 너 왜 답장 안 해? **Habe ich etwas falsch gemacht?** [17]

에밀리 그런 거 아냐. **Ich bin einfach schreibfaul.** [33]

다니엘 무슨 일인데 그래! **Ich stehe auf dem Schlauch.** [25]

에밀리 **Ehrlich gesagt ….** [26] 아니다. **Mach dir keinen Kopf.** [8]

다니엘 에밀리!!

09 에밀리의 독백

Unterhaltung09.mp3

Emily Ich dachte, alles wäre schön in Deutschland. Aber schau, wo ich gerade stehe. Keine Zulassung an der Uni, kein Geld, kein Visum…. 누가 생각이나 했겠어. [38] Meine Freunde in Korea beneiden mich zwar um mein Leben in Deutschland. Aber es ist eigentlich nur 겉만 번지르르해. [97] Was soll ich denn jetzt tun?

단어 die Zulassung (특히, 대학 입학) 허가, 승인　　jdn. um etw.[4] beneiden ~를 ~때문에 부러워하다

10 다니엘의 메시지

Unterhaltung10.mp3

Daniel Liebe Emily, du weißt nicht, wie stark du bist. Du bist ganz alleine nach Deutschland gekommen und hast die Sprache gelernt. 그거면 벌써 반은 한 거야. [70] Du bist schon gut genug. 힘을 좀 빼. [7] Und 네 마음이 시키는 대로 해. [58]

09

에밀리 독일에서는 모든 게 좋을 줄만 알았어. 하지만 지금 내 꼴을 봐. 대학 합격증도 없지, 돈도 없지, 비자도 없지…. **Wer hätte das gedacht.** [38] 한국에 있는 친구들은 독일에서의 내 생활이 부럽다고 해. 하지만 내 삶은 사실 **außen hui, innen pfui.** [97] 이제 어쩌면 좋아?

10

다니엘 친애하는 에밀리, 너는 네가 얼마나 강한 사람인지 모르지. 너는 오롯이 혼자 독일에 와서 독일어도 배웠어. **Das ist die halbe Miete.** [70] 너는 이미 충분히 잘하고 있어. **Mach dich doch locker.** [7] 그리고 **höre auf deinen Bauch.** [58]

Kapitel 2

네이티브가 리액션 할 때 쓰는 표현 100

Kapitel 2 전체 듣기

독일어를 공부할 때 입보다 귀가 먼저 트이는 경우가 흔하죠? 내 쪽에서 먼저 유창하게 말을 하기가 아직은 힘들더라도 상대방 이야기를 듣고 이 책에 나온 표현대로 리액션해 보세요. 힘들게만 느껴지던 독일어 회화가 한층 쉬워질 거예요.

01 어머, 나도!   02 헛소리   03 뭔데 뭔데?   04 논쟁 상황   05 거기서 거기   06 탄식, 놀라움
07 쇼하지 마!   08 그딴 걸 누가 알아?   09 잘됐다!   10 다시 말해 봐   11 하자 하자!   12 뭐라구?
13 파워긍정   14 내 말 맞지?   15 알 만하네   16 동의 또는 반대   17 맞장구   18 적당히 해!
19 싫다 정말   20 오예입니다

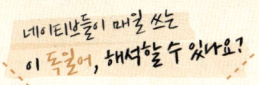

101~105.mp3

 101

Kann sein. / Mag sein.

조동사 können과 mögen을 활용한 표현입니다. 상대방이 추측성 이야기를 할 때,
"그럴 수도 있겠구나(아닐 수도 있겠지만)." 하고 가벼운 느낌으로 맞장구칠 때 쓰기 좋아요.

 102

Das kann nicht sein.

앞 표현을 부정문으로 바꾸면, "그럴 수는 없다. 즉 그럴 리 없다."는 표현이 됩니다.
다만 부정적인 뉘앙스의 리액션이므로 상황과 상대방에 맞게 사용해야겠죠?
*** "Das mag nicht sein."이라고는 쓰지 않는 것에 유의! ***

 103

Passiert.

passieren은 '어떤 일이 일어나다'라는 동사예요. 생략 없이 쓴다면 "Es / Das passiert." 정도가 되겠죠?
딱히 바라지는 않았지만 그렇다고 아예 예상 못 한 것도 아닌 일이 일어났을 때 리액션하는 표현이에요.

 104

Das habe ich auch gedacht.

나랑 똑같은 생각을 말하는 상대에게 동의와 확인을 표하는 문장입니다.

 105

Genau das meinte ich.

meinen 동사는 영어의 mean 동사와 상당히 유사한 의미라고 보면 돼요. 내가 이미 했던 말이
비슷하게 반복되거나 재증명될 때 "내 말이!" 하고 리액션하는 표현이에요.

101

음음, 그렇구나
그럴 수도 있겠네.

102

믿을 수 없거나, 믿고 싶지 않거나
그럴 리 없어.

103

떨떠름하지만 어쩌겠어
있을 수 있는 일이야.

104

어머어머 나도나도 1
나도 그 생각했어.

105

어머어머 나도나도 2
내 말이 딱 그 말이었어.

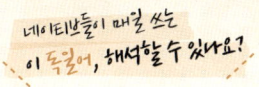

106~110.mp3

Quatsch!

경우에 따라 다르지만 이 표현은 상대에게 진짜 무안을 주려는 의도보다는 "나 살 쪘지?"라든가
"나 한심하지?" 같은 자조적 물음에 "그런 말 하지 마!"라는 의미로 많이 써요.

Quatsch mit Soße!

소스(Soße) 낭낭하게 뿌린 헛소리, 즉 정말로 개소리라는 뜻입니다.
바로 앞 표현과는 다르게 진짜 어이없고 황당한 말에 대해서만 사용하세요.

Sicher?

'확실하다'는 의미의 형용사 / 부사 sicher는 리액션용으로도 유용해요.
"너 지금 그 말 확실한 거야?"라는 의미인데, 경우에 따라 대드는 것처럼 들릴 수 있으니 조심하세요!

Kann wohl nicht wahr sein.

아마도(wohl) 사실이(wahr) 아닐 거라는 이 표현은 정말 거짓말 같을 때도 쓰지만,
한편으로는 믿기 힘들 정도로 놀라운 사실에 대해 쓸 수도 있어요.

Das glaube ich jetzt nicht.

이 표현에 jetzt(지금)가 들어갔다는 건, 일단은 못 믿겠고 나중에 추가 정보가 들어오면
그때 가서 믿을지도 모르겠다는 의미를 내포합니다.

106

헛소리 1
말도 안 돼!

107

헛소리 2
말이 안 돼도 너무 안 돼!

108

흠…
확실해?

109

믿을 수 없어 1
진짜일 리 없을걸.

110

믿을 수 없어 2
나는 그거 안 믿을란다.

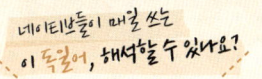

111

Erzähl mal!

'이야기하다'라는 의미의 동사 erzählen을 du 명령형으로 만들어 주고,
'한번, 좀'에 해당하는 단어 mal을 넣어서 자연스럽게 표현했어요.

112

Sag schon!

앞의 표현보다 약간의 강제성이 더해진 (그렇다고 나쁜 의미는 아녜요!) 문장입니다.
여기서 schon은 '어서!' 하고 채근하는 느낌이 들어요.

113

Frag nicht.

한국어 표현과 참 비슷하죠? 얘기하기 싫은 부분에 대해서 상대가 자꾸 물어올 때나,
아니면 묻고 자시고 필요도 없을 정도로 별로였다라는 의미로도 쓸 수 있어요.

114

Das bleibt unter uns, ja?

unter sich³ bleiben은 '자기들끼리만 놀다/다니다'라는 의미예요.
여기서는 어떤 비밀스러운 이야기를 "우리끼리만 간직하자."라는 뜻으로 쓰였습니다.

115

Na klar, versprochen!

'(~에게) 약속하다'라는 동사 (jdm.) versprechen을 활용한 표현이에요.
이 문장에 들어간 Na의 경우 엄청나게 다양한 해석이 가능한데요.

★ 영상으로 같이 봅시다!

111
뭔데 뭔데? 1
얘기해 봐!

112
뭔데 뭔데? 2
말해 봐!

113
말도 하기 싫어
묻지 마.

114
비밀 이야기 1
이거 우리끼리만 아는 거다?

115
비밀 이야기 2
그럼, 약속할게!

Hör auf (damit)!

분리동사 (mit etw.³) aufhören은 '(~ 하는 것을) 그만두다'라는 의미예요.
짜증나게 혹은 불편하게 하는 상대에게는 "(지금 그거) 그만둬!"라고 강하게 표현하세요.

Jetzt reicht's!

"Es reicht."라고 하면 "됐어. / 그만."이라는 문장인데, 여기에 jetzt를 넣고
주어와 동사를 도치시켜 줬어요. 's는 es를 줄인 거랍니다.

Genug ist genug!

직역하면 "충분한 건 충분한 거야!"인데요. 이미 한 차례 경고를 했는데도 멈출 줄 모르는 상대에게
'내가 그만하라고 했으면 이제 그만 좀 해!'라는 의미로 쓰는 표현입니다.

Weg damit!

꼭 심각하게 싸우는 상황이 아니더라도 그것(damit) 좀 저리 치워 / 갖다 버려(weg) 하고
진저리 치며 할 법한 말이에요.

Schluss jetzt!

der Schluss는 '끝, 결론, 마지막'에 해당하는 명사예요. 일상 회화에서 이 문장을 말할 땐
Schluss 부분에 강세를 주고 jetzt는 비교적 약하게, 끝을 내리며 발음합니다.

116

논쟁 상황에서 1

(그거) 그만 해!

117

논쟁 상황에서 2

이제 그만!

118

논쟁 상황에서 3

그만 하라 했지!

119

논쟁 상황에서 4

그거 치워!

120

논쟁 상황에서 5

그만 해 이제!

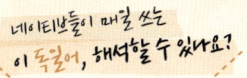

121~125.mp3

121
(Ist mir) Egal.

"우리 뭐 먹을까?", "에갈." "넌 어떤 게 더 좋아?", "에갈." "오늘 어디 갈까?", "에갈." 등, 의사 표현 확실하다는 독일인들이 의외로 정말 많이 쓰는 표현이랍니다.

122
Mir ist beides gleich.

생긴 것 그대로 해석하면 되는 문장입니다.
내게는(mir) 둘 다(beides) 똑같으니(gleich) 뭐가 됐든 상관없다는 뜻이에요.

123
Das ist mir Jacke wie Hose.

바로 앞의 문장과 같은 의미의 관용적 표현이에요.
재킷이나 바지나, 뭐 그거나 그거나 나한테는 큰 차이가 없다는 의미겠죠.

124
So oder so.

정말 쉽고 간단한데 유용한 표현입니다. 보통 앞에 나온 여러 가지 쟁점들을 일단락 짓고
"이랬든 저랬든 결론은…." 하는 느낌으로 많이 써요.

125
Was / Wie auch immer.

영어로 치면 whatever에 해당하는 표현이에요.
'뭐가 됐든 / 그래서 뭐 어쩌라고?'라는 뉘앙스가 담긴 문장입니다.

121

그 유명한 'egal'

(나한텐) 상관없어. / 아무거나.

122

그거나 저거나 1

나한텐 둘 다 똑같아.

123

그거나 저거나 2

나한텐 그게 그거야.

124

그거나 저거나 3

이랬든 저랬든.

125

그거나 저거나 4

뭐가 됐든. / 아무튼.

망각방지 장치 1

하루만 지나도 학습한 내용의 50%를 잊어 버립니다. 여러분은 얼마나 잊어 버렸을까요? 확인해 보고 알면 ○, 모르면 ×에 표시하고 잊은 표현은 복습하세요.

01 말도 안 돼! — Q____!
02 말이 안 돼도 너무 안 돼! — ____ mit Soße!
03 이거 우리끼리만 아는 거다? — Das bleibt ____ uns, ja?
04 뭐가 됐든. / 아무튼. — ____ / ____ auch immer.
05 묻지 마. — ____ nicht.
06 그럴 수도 있겠네. — ____ sein. / ____ sein.
07 나는 그거 안 믿을란다. — Das ____ ich jetzt nicht.
08 (그거) 그만 해! — Hör ____ (da ____)!
09 (나한텐) 상관없어. / 아무거나. — (Ist ____) ____.
10 나한텐 둘 다 똑같아. — Mir ist ____ gleich.
11 그럴 리 없어. — Das ____ nicht sein.
12 얘기해 봐! — ____ mal!
13 이랬든 저랬든. — ____ oder ____.
14 내 말이 딱 그 말이었어. — Genau das ____ ich.

정답 01 uatsch 02 Quatsch 03 unter 04 Was/Wie 05 Frag 06 Kann / Mag 07 glaube 08 auf / mit 09 mir / Egal 10 beides 11 kann 12 Erzähl 13 So / so 14 meinte

81

15	진짜일 리 없을걸.	Kann ___ nicht ___ sein.	109
16	그럼, 약속할게!	Na klar, ___ sprochen!	115
17	있을 수 있는 일이야.	P_____.	103
18	이제 그만!	Jetzt ___'s!	117
19	그만 하라 했지!	___ ist ___!	118
20	나도 그 생각했어.	Das habe ich nicht ge___.	104
21	확실해?	S_____?	108
22	말해 봐!	___ schon!	112
23	그거 치워!	___ da ___!	119
24	그만 해 이제!	___ jetzt!	120
25	나한텐 그게 그거야.	Das ist mir ___ wie ___.	123

맞은 개수: **25개** 중 _____ 개

그동안 _____ %를 잊어 버리셨네요.
틀린 문장들은 다시 한번 꼭 보세요.

정답 15 wohl / wahr 16 ver 17 assiert 18 reicht 19 Genug / genug 20 dacht 21 icher 22 Sag 23 Weg / mit 24 Schluss 25 Jacke / Hose

네이티브들이 매일 쓰는 이 독일어, 해석할 수 있나요?

126~130.mp3

Ach du Scheiße!

어떤 일이 놀랍거나 딱하거나 짜증나거나 등등….
우리말의 '아이고'와 마찬가지로 아주 여러 가지 상황에 적용 가능해요.
*** 엄청나게 정중한 표현은 아니니 사용에 유의하세요! ***

Um Gottes Willen!

기독교 국가답게 신(Gott)이 들어간 표현이 흔한데요. 이 문장은 단순히 놀랐을 때보다는 뭔가가 당치 않은, 혹은 약간 불경스러운 느낌마저 들 때 그에 대한 리액션으로 주로 사용합니다.

Alter (Schwede)!

젊은(어린) 친구들일수록 괄호 안은 빼고 "Alter!"라고만 하는 경우가 많아요.
이 문장을 직역하면 "나이 든 스웨덴 남자!"라는 뜻인데, 도대체 어디서 이런 표현이 유래되었을까요?

★ 영상에서 확인해 봐요!

Verdammt!

'젠장, 제기랄'에 해당하는 표현인데요. 긍정적인 형용사와 같이 쓰면 아이러니하게도 긍정의 의미를
한층 더 강조해 준답니다. "Das ist verdammt gut(그거 오지게 좋네)!" 이런 느낌으로요.

Uppsala!

프랑스어에 '울랄라'가 있다면 독일어에는 '웁살라'가 있지요.
같은 의미의 다른 표현으로 "Ups!"도 있답니다.

126
탄식, 놀라움 1
아이고 (못 살아)!

127
탄식, 놀라움 2
세상에!

128
탄식, 놀라움 3
아이고 (이 사람아)!

129
탄식, 놀라움 4
젠장!

130
탄식, 놀라움 5
엄마야!

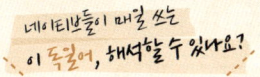

131~135.mp3

131

Ist das dein Ernst?

직역하면 "그거 네 진심이야?", 즉 상대가 하는 말이 안 믿기거나 너무 놀라워서 재차 확인할 때 쓰는 표현입니다. 비슷하게 "Das kann nicht dein Ernst sein(그게 네 진심일 리 없어)."도 있어요.

132

Ernsthaft?

앞의 표현과 크게 다르지 않지만 살짝 더 가벼운 느낌이 드는 표현이에요. 상대의 말이 가짜인 것 같아서 이렇게 반응한다기보다는, 그만큼 놀랍고 흥미진진하다는 의미예요.

133

Lüg doch nicht!

lügen은 '거짓말하다'라는 동사예요.
이 문장은 자칫하면 정말 싸움 날 수 있는 표현이니 주의해서 사용하세요!

134

Das soll ich glauben?

왠지 연인끼리나 부모 자식 간에 다툴 때 많이 쓸 법한 표현이죠?
말도 안 되는 변명을 늘어놓는 상대에게 하는 말입니다.

135

Mach mir nichts vor!

jdm. etw.⁴ vormachen라고 하면 '~에게 ~을 예시로 보여주다', 나아가 '~에게 ~를 그럴싸하게 보여주면서 속이다 / 기만하다'라는 의미입니다.

131

좀 의외네 1

그거 진심이야?

132

좀 의외네 2

진지하게? / 진짜?

133

거짓말하는 상대에게 1

거짓말 마!

134

거짓말하는 상대에게 2

그걸 나보고 믿으라고?

135

거짓말 하는 상대에게 3

쇼하지 마!

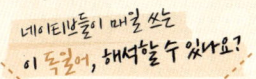

Wer weiß denn sowas?

"도대체(denn) 그런 걸(sowas) 누가(wer) 알아(weiß)?" 상대가 별 희한한 걸 자꾸 묻거나 말도 안 되는 질문을 퍼부을 때 쓰면 좋은 표현입니다.

Woher soll ich das wissen?

여기서 woher는 '어디로부터 / 어떻게 해서'라고 해석하면 돼요. 나도 모르는 것, 혹은 알 도리가 없는 것에 대해 마치 당연히 알아야 한다는 듯이 상대가 물어볼 때 받아치는 표현이에요.

Das gibt's doch nicht!

특히 게임에서 졌을 때나, 스스로 느끼기에 뭔가 불공평하고 불합리한 상황에서 발끈 하는 표현입니다.

Hey! Ich rede jetzt.

Hey!라는 게 반드시 무례한 표현은 아니지만, 여기서는 한국어로 "야!!"하고 소리쳐 부르는 것 같은 느낌이에요. 자꾸 말을 끊거나 무시하는 상대에게 일침을 가할 때 쓰기에 좋답니다.

Du hast mich erschreckt!

우리가 흔히 아는 '놀라다'라는 의미의 überraschen 동사보다 한층 더 식겁하며 놀라는 느낌의 동사가 바로 erschrecken이랍니다.

136

거참 쓸데없는 지식이네
그딴 걸 누가 알아?

137

그래 나 모른다 어쩔래
내가 그걸 어떻게 알아?

138

황당하다 못해 화가 날 때
이럴 수는 없는 거야!

139

내 말 좀 들어 봐
야! 나 지금 말하잖아.

140

아, 깜짝이야!
너 때문에 놀랐잖아!

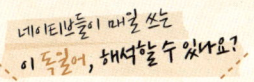

141
Oh, du Arme / Armer.

'가엾다'는 의미의 형용사 / 부사 arm을 명사화하면 Arme(여성), Armer(남성), '가엾은 사람'이라는 의미가 됩니다. 상대방이 힘든 상황에 처했을 때 "에고, 가엾어라." 하고 안쓰러워하는 표현입니다.

142
Schade.

뭔가 아쉽고, 아깝고, 뜻대로 안 돼서 유감스럽고, 섭섭한 감정을 한마디로 축약하면 바로 schade입니다.

143
Das gönn ich dir (von Herzen)!

jdm. etw.⁴ gönnen라고 하면 상대(jdm.)에게 어떤 좋은 일(etw.⁴)이 일어난 것을 시기하지 않고 함께 기뻐해 주는 것을 의미해요. von Herzen은 '진심으로'라는 의미고요.

144
Du hast es dir verdient.

'뿌린 대로 거둔다'라는 말이 긍정적 / 부정적 상황에 두루 쓰이는 것처럼, 이 문장도 노력한 것에 대한 대가 혹은 잘못한 것에 대한 대가 모두에 쓸 수 있어요.

145
Weiter so!

지금 너무 잘하고 있으니까 앞으로도 계속(weiter) 그렇게(so) 하라는 응원과 칭찬, 격려의 표현입니다.

141

곤란해하는 상대에게 공감을 표할 때
저런, 너무 안 됐다.

142

뭐, 어쩔 수 없지만
아쉽네.

143

좋은 일이 생긴 상대에게
잘됐다! / 축하해!

144

이중적인 의미
네가 받을 만했어.

145

잘하고 있어!
앞으로도 지금처럼만 해!

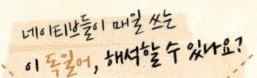

146~150.mp3

146

Ich verstehe nur Bahnhof.

유명한 관용구네요. 직역하면 "나는 기차역만 이해가 돼."인데요.
어떤 말을 들어도 모르겠을 때 하는 말입니다.
★ 유래가 궁금하다면 영상을 참조하세요!

147

Was hast du gesagt?

상황과 뉘앙스에 따라 굉장히 다르게 받아들일 수 있는 표현이에요. 상냥하게 말하면
"응? 뭐라고 했어?" 하는 느낌. 거칠게 말하면 "뭐라고 했냐 지금?" 정도의 느낌이랍니다.

148

Was labersch du?

남부 지방 사투리인데 우리말 경상도 사투리의 "뭐라카노? / 뭐라 씨부리노?"와 비슷한 느낌이에요.
*** 재미 삼아 사용해 보세요. ***

149

Was war das denn?

이 문장은 das에 강세를 줘서 읽습니다. 누군가 어이없이 한 말이나 방금 일어난 황당한 상황을 두고,
"아니 이게 지금 무슨 일이람?" 하는 느낌으로 표현해요.

150

Was soll das heißen?

이 문장 역시 곧이곧대로의 의미(그게 무슨 뜻이야?)보다는 좀더 빈정 상했다는 뉘앙스를 담아
"그 말의 저의가 뭐야?" 하는 식으로 많이 씁니다.

146

듣긴 들었는데 이해가 안 될 때

무슨 말인지 하나도 모르겠네.

147

다시 말해 봐

너 뭐라고 했어?

148

헛소리 집어치우라 마

뭐라카노?

149

황당하네

방금 그거 뭐야 대체?

150

듣는 사람 기분 나쁘게

무슨 말을 그렇게 해?

망각방지 장치 1

하루만 지나도 학습한 내용의 50%를 잊어 버립니다. 여러분은 얼마나 잊어 버렸을까요? 확인해 보고 알면 ○, 모르면 ×에 표시하고 잊은 표현은 복습하세요.

01	엄마야!	Upp___!	○ ×	130
02	그딴 걸 누가 알아?	Wer ___ denn so ___?	○ ×	136
03	앞으로도 지금처럼만 해!	___ so!	○ ×	145
04	잘됐다! / 축하해!	Das ___ ich dir (von ___en)!	○ ×	143
05	아이고 (못 살아)!	Ach du ___!	○ ×	126
06	세상에!	Um ___ es Willen!	○ ×	127
07	그걸 나보고 믿으라고?	Das ___ ich glauben?	○ ×	134
08	저런, 너무 안 됐다.	Oh, du ___e / ___er.	○ ×	141
09	뭐라카노?	Was ___ sch du?	○ ×	148
10	네가 받을 만했어.	Du hast es dir ver___.	○ ×	144
11	아이고 (이 사람아)!	___ (Schwede)!	○ ×	128
12	방금 그거 뭐야 대체?	Was ___ das ___?	○ ×	149
13	젠장!	V___!	○ ×	129
14	쇼하지 마!	Mach ___ nichts ___!	○ ×	135

정답 01 sala 02 weiß / was 03 Weiter 04 gönn / Herz 05 Scheiße 06 Gott 07 soll 08 Arm
09 laber 10 dient 11 Alter 12 war / denn 13 erdammt 14 mir / vor

15	너 뭐라고 했어?	Was ___ du ge___?
16	그거 진심이야?	Ist das dein ___?
17	무슨 말을 그렇게 해?	Was ___ das ___?
18	야! 나 지금 말하잖아.	Hey! Ich ___ jetzt.
19	너 때문에 놀랐잖아!	Du hast mich er___!
20	무슨 말인지 하나도 모르겠네.	Ich verstehe nur ___.
21	아쉽네.	___.
22	진지하게? / 진짜?	___ haft?
23	거짓말 마!	___ doch nicht!
24	내가 그걸 어떻게 알아?	Wo ___ soll ich das ___?
25	이럴 수는 없는 거야!	Das ___'s doch nicht!

맞은 개수: 25개 중 ____ 개
그동안 ____ %를 잊어 버리셨네요.
틀린 문장들은 다시 한번 꼭 보세요.

정답 15 hast / sagt 16 Ernst 17 soll / heißen 18 rede 19 schreckt 20 Bahnhof 21 Schade
22 Ernst 23 Lüg 24 her / wissen 25 gibt

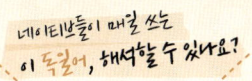

151~155.mp3

Kann man machen.

어떤 요청을 받았을 때 대수롭지 않다는 듯이, 혹은 쿨하게 "그러지 뭐." 하는 표현입니다.

Machen wir so.

상대와 이런 저런 사항들을 상의하고 합의한 뒤에
"좋아, 그렇게(so) 하자!" 하고 마무리 짓는 느낌의 표현이에요.

Warum nicht?

문자 그대로 "왜 안돼?"라는 뜻도 물론 있지만, 그에 더해 "안 될 게 뭐가 있어? 해 버리자!" 하고
추진하는 의미가 담긴 표현입니다.

Das müssen wir wiederholen!

함께한 일이나 시간이 무척 즐겁고 좋았을 때, 조만간 또 만나서
"같이 일하자 / 놀자."라는 의미로 이렇게 표현합니다.

Auf jeden Fall.

영어로 치면 "Definitely(물론이지, 무조건이지)."라는 의미예요.
다른 문장 속에 넣어서 "Das müssen wir auf jeden Fall wiederholen(우리 무조건 또 하자)!"
이렇게 표현할 수도 있어요. 젊은 친구들은 Fall을 빼고 "Auf jeden."이라고만 하기도 한답니다.

151

안 될 거 없지

그러지 뭐.

152

하자 하자! 1

그렇게 하자.

153

하자 하자! 2

안 될 게 뭐야? / 그러자!

154

하자 하자! 3

또 하자 우리!

155

강력한 동의의 표현

물론이야.

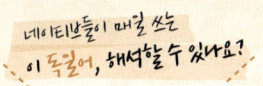

156~160.mp3

Hallo? / Ja?

모르는 번호로 오는 전화받을 때는 보통 이렇게 답해요. 연세가 좀 있는 분들의 경우 Müller와 같은 식으로 본인 성을 대며 전화를 받기도 합니다.

Was war das nochmal?

방금 일어난 일 내지는 누군가 한 말을 제대로 캐치하지 못했을 때 쓰기 좋은 표현입니다.

Nochmal, bitte?

독일에 처음 오는 분들이 꼭 알아 둬야 할 표현이에요. 뭔가를 잘 이해하지 못했을 땐 대충 알아들은 척하기보다는 꼭 이렇게 되물어 보길 권합니다. 용기를 내세요!

Was meinst du?

주변이 시끄럽다든지 하는 이유로 상대방이 한 말의 소리 자체를 아예 못 들었을 때 이렇게 리액션합니다. 같은 표현으로는 "Ich habe dich akustisch nicht verstanden."가 있답니다.

Wie meinst du?

바로 앞 표현과는 상반되게, 상대방의 말을 듣긴 들었는데 정확히 뭘 원하는지(의미하는지) 확신이 없을 때 이렇게 말합니다. 단어 하나(was / wie) 차이인데 이렇게 다른 뉘앙스가 된다니, 신기하죠?

네이티브들이 매일 쓰는
이 말, 독일어로 말할 수 있나요?

156

전화받을 때

여보세요?

157

뭐라구? 1

방금 뭐였지?

158

뭐라구? 2

다시 한번 말해 줄래?

159

말 자체를 못 들었을 때

뭐라고 한 거야?

160

의미 전달이 잘 안 됐을 때

어떤 거 말하는 거야?

네이티브들이 매일 쓰는
이 독일어, 해석할 수 있나요?

161~165.mp3

13 파워긍정

Gesundheit!

영어권에서는 누가 재채기하면 "Bless you(신의 축복을)!"라고 한다면서요?
독일에서는 아주 씩씩하고 실용적으로 "Gesundheit(건강)!"이라고 외칩니다.

Klingt gut!

『klingen + 형용사』 조합은 '~하게 들리다'라는 의미입니다. 상대가 어떤 제안을 했을 때
거기에 동의하는 의미로 "(Das) klingt gut!"이라고 많이들 해요.

Nicht schlecht!

직역하면 "나쁘지(schlecht) 않다(nicht)."인데, 이걸 독일인들은 무려 칭찬으로 씁니다.
★ 뉘앙스에 대한 자세한 설명은 영상에서!

Supi! / Juti!

주로 베를리너들이 많이 하는 리액션으로, 각각 super와 jut(gut의 베를린 사투리)에 -i를 붙여
귀엽게 나타낸 것입니다. 상대방에게 긍정적으로 맞장구치는 표현입니다.

Danke, gleichfalls!

"Schönen Tag / Abend noch(좋은 하루 / 저녁 보내)!"라든지 "Schönes Wochenende(좋은 주말 보내)!"
라는 말을 들었을 때 고마움과 함께 돌려주는 표현입니다.

161

누가 재채기했을 때
Bless you!

162

파워긍정 1
좋은데!

163

파워긍정 2
괜찮네!

164

귀여운 긍정이나 동의의 표현
좋아 좋아!

165

좋은 하루 / 주말 보내
고마워, 너도!

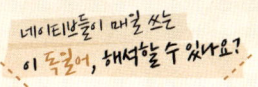

166~170.mp3

Siehste?

풀어서 쓰면 "Siehst du?"라는 문장이에요. 구어체에서는 자주 이렇게 줄여서 표현합니다.

Was sagt er dazu?

여기서 dazu는 '거기에(da) 더해(zu)'라고 해석하면 돼요.
어떤 말이나 상황에 대해 "그는 뭐라고 하든?" 하고 묻는 표현입니다.

Woher weißt du das?

앞에서 woher에 대해 설명했죠? 상대가 뭔가 의외의 사실, 혹은 모를 법한 일을 알고 있을 때
놀람과 의혹(?)을 담아 하는 말입니다.

Logisch.

'논리적인'이라는 형용사를 맞장구칠 때도 쓸 수 있어요.
듣고 보니 납득이 간다, 말이 되는 것 같다 싶을 때 이렇게 말합니다.

Du hast recht.

여기서 recht를 대문자(Recht)로 쓰느냐 소문자로(recht) 쓰느냐를 놓고 독일인들 사이에서도
의견이 분분한데요. 독일의 권위 있는 사전 DUDEN에서는 둘 다 가능하다고 하네요.

166

으쓱으쓱

봤지? / 내 말 맞지?

167

아니 그래서

걔는 뭐래?

168

별걸 다 알고 있는 상대에게

네가 그걸 어떻게 아는데?

169

설명을 듣고 난 뒤

말 되는군.

170

동의의 표현

네 말이 맞아.

171

Im Traum vielleicht!

말도 안 되는 것을 바라는 상대에게 빈정댈 때 쓰기 좋은 표현입니다.

172

Das war so lala.

so lala(그저그런) 자리에 다른 형용사를 넣어 볼까요? "Das war furchtbar(끔찍했어).", "Das war bescheuert(바보 같았어).", "Das war knapp(간당간당했어)." 등등!

173

Ja ja.

Ja(네, 응)를 두 번 썼으니까 두 배로 공손한 느낌이겠지?라고 생각하면 그건 오해입니다. Ja ja는 "네네 / 예예"가 아니라 "ㅇㅇ"에 가까워요.

★ 여기에 대한 재밌는 영상이 있으니 참고하세요!

174

Alles kann, nichts muss.

직역하면 "모든 걸 할 수는 있겠지만, 아무것도 반드시 해야 할 필요는 없다." 특이한 경험이나 극단적인 라이프스타일 등에 대해, 안 하면 큰일 나는 것도 아닌데 굳이 해야 하나? 하고 거리를 두는 표현입니다.

175

Das erklärt einiges / alles.

직역하면 "그것이(Das) 몇 가지(einiges) 내지는 모든 것(alles)을 설명해 준다(erklärt)." 즉, 그거 하나만 봐도 벌써 다른 것까지 다 알겠다는 의미입니다.

171

꿈 깨!

꿈에서라면 몰라!

172

어땠냐?는 질문에

그냥저냥이었어.

173

"네네" 아닙니다

ㅇ ㅇ

174

내키지 않을 때

안 될 건 없는데 굳이…?

175

하나를 보면 열을 안다고

알 만하네.

망각방지 장치 1

하루만 지나도 학습한 내용의 50%를 잊어 버립니다. 여러분은 얼마나 잊어 버렸을까요? 확인해 보고 알면 O, 모르면 ×에 표시하고 잊은 표현은 복습하세요.

01	Bless you!	Gesundheit!	161
02	뭐라고 한 거야?	Was meinst du?	159
03	어떤 거 말하는 거야?	Wie meinst du?	160
04	그러지 뭐.	Kann man machen.	151
05	고마워, 너도!	Danke, gleichfalls!	165
06	네 말이 맞아.	Du hast recht.	170
07	그렇게 하자.	Machen wir so.	152
08	괜찮네!	Nicht schlecht!	163
09	말 되는군.	Logisch.	169
10	안 될 건 없는데 굳이…?	Alles kann, nichts muss.	174
11	안 될 게 뭐야? / 그러자!	Warum nicht?	153
12	다시 한번 말해 줄래?	Nochmal, bitte?	158
13	좋아 좋아!	Super! / Juti!	164
14	네가 그걸 어떻게 아는데?	Woher weißt du das?	188

정답 01 Gesund 02 Was 03 Wie 04 Kann 05 gleich 06 recht 07 Machen 08 Nicht 09 Logi
10 kann / muss 11 Warum 12 Nochmal 13 pi / ti 14 her

15	ㅇㅇ	▓▓▓ ▓▓▓.	173
16	또 하자 우리!	Das ▓▓▓ wir wieder ▓▓▓!	154
17	그냥저냥이었어.	Das war so ▓▓▓.	172
18	물론이야.	Auf ▓▓▓ Fall.	155
19	걔는 뭐래?	Was sagt er da ▓▓▓?	167
20	꿈에서라면 몰라!	Im ▓▓▓ vielleicht!	171
21	여보세요?	▓▓▓? / Ja?	156
22	좋은데!	▓▓▓ gut!	162
23	방금 뭐였지?	Was war das ▓▓▓ mal?	157
24	봤지? / 내 말 맞지?	Sieh ▓▓▓?	166
25	알 만하네.	Das ▓▓▓ klärt ▓▓▓ es/ ▓▓▓ es.	175

맞은 개수: **25개 중** _____ 개

그동안 _____%를 잊어 버리셨네요.
틀린 문장들은 다시 한번 꼭 보세요.

정답 **15** Ja ja **16** müssen / holen **17** lala **18** jeden **19** zu **20** Traum **21** Hallo **22** Klingt **23** noch **24** ste **25** er / einig / all

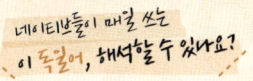

176~180.mp3

Kann ich so unterschreiben!

이 문장을 비유적으로 해석하자면 상대방의 말이나 행동에 너무나 동의한 나머지,
네가 서명 운동을 한다면 당장 서명이라도 하겠다라는, 큰 공감을 나타내는 표현입니다.

Eben.

독일어로 맞장구치는 법을 아직 잘 몰라서 매번 Ja 또는 Genau만 쓰셨다구요?
앞으로는 Eben도 써 보세요. 짧고 강력하답니다!

Bin dabei.

dabei sein은 '~에 참석하다, 함께하다'라는 의미예요. 상대의 제안, 이를 테면 "동료가 돼라!"는 말에 대해
"좋아, 나도 끼워 줘." 하고 긍정하는 표현입니다.

Da muss ich einhaken!

einhaken은 문자 그대로 '갈고리(Haken)를 걸다'라는 뜻도 되지만, 여기서는 '대화 도중에 상대방의 말을
끊고 끼어들다'라는 의미예요. 상대의 의견에 동의하기 힘들 때 이렇게 말하며 반박을 시작하면 됩니다.

Ich sehe das nicht so.

그대로 번역해서 "나는 그걸 그렇게 보지 않아."라고 해도 의미가 통하죠?
무조건 상대에게 동의하기보다는 때로 반박(반대)하는 게 독일에서는 오히려 미덕인 것같아요.

176

네 말이 계약서라면 당장 사인할 거야

맞는 말이야! / 동의해!

177

내 말이 그 말이야

내 말이.

178

상대의 제안을 수락하며

나도 (할게).

179

동의할 수 없을 때 1

그건 좀 아닌 거 같아!

180

동의할 수 없을 때 2

나는 의견이 달라.

네이티브들이 매일 쓰는 이 독일어, 해석할 수 있나요?

181~185.mp3

181
Absolut!

영어 단어 absolutely에 해당하는 표현이에요. "Das stimmt(맞아)!" 등으로 대체 가능합니다.

182
In der Tat!

왠지 고급스러운 느낌이 드는 맞장구 표현이에요.
'상대가 하는 말이 진짜다, 사실이다'라는 걸 강조하며 동의하는 리액션입니다.

183
Tatsächlich!

앞의 표현과 거의 같지만 구어체 느낌이 좀 더 강해요. tatsächlich는 꼭 맞장구칠 때 말고도
다양한 문장 안에서 '실제의 / 실로'라는 의미의 형용사 / 부사로 많이 쓰인답니다.

184
Wirklich?

우리말의 "진짜?", "정말?"과 거의 같은 표현이에요. "Es ist wirklich kalt(정말 춥다)." 하는 식으로
어떤 현상을 강조할 때도 쓰이는 단어입니다.

185
Echt?

바로 앞과 거의 비슷한 표현이지만 짧아서 입에 더 착 달라붙어요.
ch 발음하실 때 '쉬' 소리가 너무 많이 섞이지 않게끔 연습해 보세요!

181
맞장구 1
물론이지!

182
맞장구 2
정말 그래!

183
맞장구 3
사실이야!

184
맞장구 4
정말로?

185
맞장구 5
정말? / 진짜?

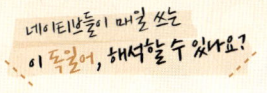

Erwischt!

'~를 잡다, 적발하다'라는 동사 erwischen을 활용한 표현입니다.
진지하게 쓰기보다는 장난스럽게 더 많이 써요.

Unmöglich!

문자 그대로 "불가능해!" 내지는 "말도 안 돼!"라는 뜻과 더불어,
어떤 상황이나 누군가의 행실이 어이없을 정도로 형편없을 때에도 쓰는 표현입니다.

Auf gar keinen Fall.

앞서 배운 Auf jeden Fall과 극과 극에 있는 표현이에요.
그 어떤 경우에도 '절대, 절대 아니다' 혹은 '싫다'라는 의미입니다.

Niemals.

einmal이라고 하면 한 번, zweimal이라고 하면 두 번, 그럼 niemals이라고 하면?
'절대로 단 한 번도 없다 / 싫다 / 안 한다'라는 뜻이에요.

Ich bin es leid!

etw.⁴ leid sein이라고 하면 '~에 넌덜머리가 나다'라는 의미의 관용구입니다.

네티즌들이 매일 쓰는
이 말, 독일어로 말할 수 있나요?

186

들켰지롱

잡았다, 요놈!

187

엥? 싶을 때

어이가 없네!

188

강력한 부정의 표현 1

절대 안 돼. / 아니야.

189

강력한 부정의 표현 2

절대로.

190

적당히 해!

못 해 먹겠네! / 못 들어 주겠네!

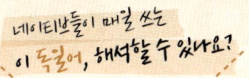

191
Nur über meine Leiche.

직역하면 "오직 내 시체(Leiche)…." 어쩌구 하는 무시무시한 문장인데요.
'정말 죽기보다 싫다', 또는 '죽어서라면 몰라도 지금은 절대 싫어!'라는 의미의 표현이랍니다.

192
Ohne mich.

앞에서 배운 "Bin dabei."가 나도 기꺼이 끼워 달라는 의미라면,
"Ohne mich."는 제발 나 빼고 해 달라는 의미예요.

193
Lieber nicht.

nicht 하나를 가지고도 다양하게 활용이 가능한데요. '차라리'에 해당하는 lieber를 붙여서
차라리 안 하겠다, 즉 "안 하는 게 낫겠다."라는 의미를 표현합니다.

194
Eher nicht.

여기서는 경향성(~한 편)을 나타내는 eher를 넣어서 미친듯이 '싫다/아니다'라는 건 아닌데
'싫은/아닌 쪽에 가깝다'라는 느낌으로 써요.

195
Bitte nicht.

한국어로 "제발 좀(하지 마)!"에 가까운 표현이에요.

191

정말 싫을 때 1

죽어도 싫어.

192

정말 싫을 때 2

나는 빼 줘.

193

내키지 않을 때 1

안 하는 게 나을 듯.

194

내키지 않을 때 2

그건 아닌 것 같아.

195

싫다 정말

제발 좀.

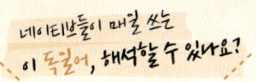

196

Stark…!

직역하면 "강하다…!"라는 표현으로, 상대의
얘기를 듣고 "대단한데. / 제법이군." 하고 리액션할 때 써요.

197

Respekt!

한국에서도 우리끼리 "리스펙!" 하듯이 독일에서도 같은 의미로 많이 쓰는 표현이랍니다.

198

Wahnsinn!

'광기'라는 뜻의 명사 der Wahnsinn을 감탄사로 쓰면 "미쳤다!!"는 뜻이에요. 대체로 뭔가가 정말 미친 것처럼 대단하고 좋을 때 긍정적인 의미로 쓰지만, 간혹 부정적 / 냉소적 의미로 쓰기도 한답니다.

199

Krass!

krass 또한 원래는 부정적인 단어인데 구어체 회화에서 긍정적인 리액션으로 쓰이는 경우입니다. 주로 젊은 세대에서 많이 써요.

200

Geil.

원래는 섹슈얼한 의미이고, 또 실제로도 그런 상황에서 많이 쓰여요. 하지만! 누가 봐도 섹슈얼한 뉘앙스가 없는 상황에서 쓰면 그냥 뭔가가 정말 좋고 대단하고 멋지고 쩐다!!라는 의미랍니다.

196

그걸 해내다니
제법이네…!

197

리스펙!
제법인데!

198

긍정 혹은 부정 1
미쳤다!

199

긍정 혹은 부정 2
심하다. / 대박이다!

200

오예입니다
쩔어.

망각방지장치 1

하루만 지나도 학습한 내용의 50%를 잊어 버립니다. 여러분은 얼마나 잊어 버렸을까요? 확인해 보고 알면 O, 모르면 ×에 표시하고 잊은 표현은 복습하세요.

01 쩔어. _____.

02 정말로? _____ lich?

03 정말? / 진짜? _____?

04 절대로. _____ mals.

05 나는 의견이 달라. Ich _____ das nicht _____.

06 어이가 없네! Un_____!

07 나는 빼 줘. _____ mich.

08 맞는 말이야! / 동의해! Kann ich so _____ schreiben!

09 나도 (할게). Bin da _____.

10 죽어도 싫어. Nur _____ meine _____.

11 잡았다, 요놈! Er _____!

12 정말 그래! In der _____!

13 사실이야! _____ sächlich!

14 물론이지! Ab_____!

정답 01 Geil 02 Wirk 03 Echt 04 Nie 05 sehe / so 06 möglich 07 Ohne 08 unter 09 bei
10 über / Leiche 11 wischt 12 Tat 13 Tat 14 solut

15	제법이네…!	⬛⬛⬛⬛⬛ …!	196
16	안 하는 게 나을 듯.	L⬛⬛⬛⬛ nicht.	193
17	그건 아닌 것 같아.	E⬛⬛⬛⬛ nicht.	194
18	제발 좀.	B⬛⬛⬛⬛ nicht.	195
19	절대 안 돼. / 아니야.	Auf ⬛⬛⬛ keinen ⬛⬛.	188
20	심하다. / 대박이다!	⬛⬛⬛⬛!	199
21	못 해 먹겠네! / 못 들어 주겠네.	Ich bin es ⬛⬛⬛!	190
22	제법인데!	⬛⬛⬛⬛!	197
23	내 말이.	⬛⬛⬛⬛.	177
24	미쳤다!	⬛⬛⬛⬛ sinn!	198
25	그건 좀 아닌 거 같아!	Da muss ich ein ⬛⬛⬛!	179

맞은 개수: **25**개 중 _____ 개

그동안 _____ %를 잊어 버리셨네요.
틀린 문장들은 다시 한번 꼭 보세요.

정답 15 Stark 16 ieber 17 her 18 itte 19 gar / Fall 20 Krass 21 leid 22 Respekt 23 Eben
24 Wahn 25 haken

망각방지 장치 2

일주일이 지나면 학습한 내용의 70%를 잊어 버립니다. 여러분은 얼마나 잊어 버렸을까요? 대화문으로 확인해 보고 잊은 표현은 복습해 보세요.

11 탄뎀 파트너 피아에게 고민을 상담하는 에밀리 1   Unterhaltung11.mp3

Pia Hey Emily, alles gut bei dir? Warum so ein langes Gesicht?

Emily Na ja…. 묻지 마. [113]

Pia 얘기해 봐! [111]

Emily (*erzählt, was bis jetzt geschah.*)

Pia 저런, 너무 안 됐다. [141]

단어 geschehen (어떤 일이) 벌어지다 [geschehen – geschah – geschehen]

12 탄뎀 파트너 피아에게 고민을 상담하는 에밀리 2   Unterhaltung12.mp3

Emily 뭐가 됐든, [125] ich habe einen Platz an einer Sprachschule bekommen.

Pia 정말? [185] Ich freue mich für dich! Dann ist dein Visum nicht mehr in Gefahr.

Emily 내 말이. [177] Du, das könnten wir mal feiern! Bier oder Wein?

Pia 나한텐 그게 그거야. [123] Hauptsache, wir haben mal wieder Spaß.

단어 die Sprachschule 어학원   in Gefahr sein 위험에 처하다   Hauptsache 가장 중요한 일

11

피아   에밀리, 너 괜찮아? 왜 그렇게 울상이야?

에밀리   그냥 뭐…. **Frag nicht.** [113]

피아   **Erzähl mal!** [111]

에밀리   (지금까지 있었던 일들을 이야기한다.)

피아   **Ach, du Arme.** [141]

12

에밀리   **Wie auch immer,** [125] 나 어학원에 자리 하나 나서 등록할 수 있게 됐어.

피아   **Echt?** [185] 잘 됐다! 그럼 네 비자도 더 이상 위험하지 않은 거네.

에밀리   **Eben.** [177] 있지, 우리 이거 기념해야지! 맥주 마실래, 와인 마실래?

피아   **Das ist mir Jacke wie Hose.** [123] 우리가 회포 푸는 게 중요하지.

13 술자리를 갖는 피아와 에밀리

Unterhaltung13.mp3

Emily Hier ist meine Lieblingskneipe. Wie findest du sie?

Pia 괜찮네! [163] Mir gefällt die Atmosphäre.

(*Später am Abend*)

Emily 젠장! [129] Ich hab kein Bargeld!

Pia Nicht schlimm, ich kann es dir auslegen! Ich bräuchte es aber am Montag wieder.

Emily 그럼, 약속할게! [115]

단어 die Atmosphäre 분위기　das Bargeld 현금　**jdm.** Geld auslegen ~에게 돈을 빌려주다
bräuchten 필요하다(brauchen) 동사의 접속법 2식 형태

---

14 술자리 후 집에 가는 길, 피아와 에밀리 1

Unterhaltung14.mp3

Pia Das war ein schöner Abend!

Emily 우리 또 만나서 놀자! [154]

Pia Du meintest doch, dass du neulich diesen Jungen kennen gelernt hast. Wie läuft's?

Emily Er kann manchmal anstrengend sein, aber irgendwie ….

Pia 얘기해 봐! [112]

단어 anstrengend 힘들게 하는, 피곤하게 하는　irgendwie 어쩐지, 어떻게든

13

에밀리　　여기 내 최애 맥주집이야. 어떤 것 같아?

피아　　**Nicht schlecht!** [163] 분위기가 마음에 들어.

(잠시 후)

에밀리　　**Verdammt!** [129] 현금이 없어!

피아　　괜찮아, 내가 빌려 줄게. 그래도 월요일까지는 갚아야 돼.

에밀리　　**Na klar, versprochen!** [115]

14

피아　　오늘 정말 재미있었어!

에밀리　　**Das müssen wir wiederholen!** [154]

피아　　너 이번에 새로 알게 된 남자애 있다고 했잖아. 어떻게 돼 가?

에밀리　　가끔은 좀 피곤하게 하는데, 어쩐지….

피아　　**Sag schon!** [112]

15 술자리 후 집에 가는 길, 피아와 에밀리 2   Unterhaltung15.mp3

Emily	⋯irgendwie ist er süß! (*zeigt Foto.*)
Pia	이럴 수가! [138] Das ist doch Daniel, der studiert Mathe?!
Emily	Hä? 네가 그걸 어떻게 아는데? [168]
Pia	Wir waren zusammen auf dem Gymnasium.
Emily	대박이다! [199]

16 다니엘에 대해 이야기하는 피아와 에밀리 1   Unterhaltung16.mp3

Emily	Wie war er denn damals?
Pia	Hm, er war der Beste in der Klasse und war auch ziemlich beliebt.
Emily	정말로? [184]
Pia	Ja, aber er war immer so ein Besserwisser.
Emily	내 말이 딱 그 말이었어. [105]

단어 damals 그때는, 당시에는   beliebt 인기 있는, 사랑받는   der Besserwisser 잘난 체하는 사람

15

에밀리 …왠지 귀여운 거 있지! (사진을 보여준다.)

피아 Das gibt's doch nicht! [138] 얘 다니엘 아니야, 수학 전공하는?

에밀리 엥? Woher weißt du das? [168]

피아 우리 고등학교 같이 다녔어.

에밀리 Krass! [199]

16

에밀리 걔 학교 다닐 때 어땠어?

피아 음, 반에서 공부 제일 잘했고 인기도 꽤 많았어.

에밀리 Wirklich? [184]

피아 응, 근데 항상 좀 잘난 체하는 면이 있었지.

에밀리 Genau das meinte ich. [105]

17 다니엘에 대해 이야기하는 피아와 에밀리 2

Unterhaltung17.mp3

Pia: Hast du dich dann bei ihm nicht mehr gemeldet?

Emily: Doch, ich habe ihm kurz geschrieben, dass es mir jetzt besser geht.

Pia: Und? 걔는 뭐래? [167]

Emily: Er hat sich sehr gefreut und mir vorgeschlagen, zusammen was trinken zu gehen.

Pia: 좋은데! [162] Mach das doch.

단어 vorschlagen 제안하다

18 다니엘에게 전화를 거는 에밀리

Unterhaltung18.mp3

Daniel: 여보세요? [156]

Emily: Hey, ich bin's, Emily. Hast du meine Nummer nicht mehr, oder wie?

Daniel: Hey Emily! 말도 안 돼, [106] ich bin gerade unterwegs.

Emily: Ah okay, was hast du so vor?

Daniel: Ich habe heute ein Date.

Emily: 진짜? [132]

단어 vorhaben ~할 예정이다

17

피아   그럼 그 이후에 걔한테 더 이상 연락 안 한 거야?

에밀리   아니, 나 이제 괜찮아졌다고 문자 보냈지.

피아   그래서? **Was sagt er dazu?** [167]

에밀리   되게 좋아하면서 나한테 같이 술 마시러 가자고 하던데.

피아   **Klingt gut!** [162] 그러자고 해.

18

다니엘   **Hallo?** [156]

에밀리   나야, 에밀리. 너 내 번호 지운 거야, 뭐야?

다니엘   에밀리! **Quatsch,** [106] 나 지금 어디 가는 중이라서.

에밀리   아 그래, 뭐 하러 가는데?

다니엘   나 오늘 데이트해.

에밀리   **Ernsthaft?** [132]

19 에밀리의 일기

Unterhaltung19.mp3

Emily 어이가 없네! [187] Ich bin total sauer auf diesen Typen. Dabei habe ich doch gar nicht das Recht, sauer zu sein. Mag ich ihn etwa? 아이고! [126] Aber er ist doch fünf Jahre jünger als ich···.

단어 der Typ 녀석, 자식

20 다니엘의 일기

Unterhaltung20.mp3

Daniel Das Date war 그냥저냥이었다. [172] Und Emily scheint sich verletzt zu fühlen. 말 되는군. [169] Dabei dachte ich, dass sie kaum Interesse an mir hat. Ich sollte sie ganz offen fragen, was sie von mir hält. 안 될 게 뭐야? [153]

단어 verletzt 상처받은   von jdm. halten ~에 대해 ~라고 생각하다, 여기다

19

에밀리 **Unmöglich!** [187] 나 이 자식한테 엄청 화가 났다. 물론 내가 화를 낼 권리가 있는 건 아니지만서도. 내가 얘를 좋아하나? **Ach du Scheiße!** [126] 그런데 얘는 나보다 다섯 살이나 어린데….

20

다니엘 데이트는 **so lala.** [172] 그런데 에밀리가 상처받은 것 같다. **Logisch.** [169] 나는 얘가 나한테 별 관심 없는 줄 알았는데. 나를 어떻게 생각하는지 한번 대놓고 물어봐야겠다. **Warum nicht?** [153]

Kapitel 3

네이티브가
감정·상태를
말할 때 쓰는
표현 100

Kapitel 3 전체 듣기

독일 사람들은 왠지 무뚝뚝하고 철저히 이성적이어서 감정을 잘 드러내지 않을 것 같다는 선입견이 있지요. 하지만 오히려 조목조목 차분하게 자신의 기분과 상태를 표현할 줄 아는 것이 독일어에서는 무척 중요하답니다.

01 별일 없니?   02 편하게 해   03 몸 상태에 대한 표현   04 건드리지 마라   05 몸이 예전 같지 않네
06 꽉 막혔어   07 난 이게 익숙해   08 상처 주네?   09 너에 대하여   10 이건 아닌데   11 공감성 수치
12 힘들고 지칠 때   13 잘 될 거야!   14 진정해!   15 떠나고 싶어   16 혼자만의 생각   17 입맛이 없어
18 재미없어   19 감정 쓰레기통   20 벌써부터 신나!

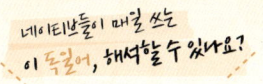

201
Alles gut bei dir?

직역하면 "너와 네가 하고 있는 일들이 다 괜찮니?" 정도가 될 텐데요.
상대방의 기분과 상태를 체크할 때 다정한 어조로 물어 보기 좋은 표현입니다.

202
Warum bist du so besorgt?

(um jdn./etw.⁴) besorgt sein이라고 하면 뭔가가 걱정되고 그로 인해 불안한 감정까지도 포함합니다.

203
Ich mache mir Sorgen um dich.

중요한 관용구가 나왔네요! sich³ um jdn. Sorgen machen은 '~를 걱정하다'라는 의미입니다.
복잡해 보이지만 통째로 외워 놓고 쓰면 정말 유용해요.

204
Bist du sauer auf mich?

sauer는 '맛이 시다'는 의미도 되지만 '화나다, 언짢다'는 뜻도 되지요.
auf jdn. sauer / böse sein이라고 하면 '~에게 화가 나다'라는 표현입니다.
※ 3격처럼 들리지만 4격임에 주의! ※

205
Bin ich daran schuld?

an etw.³ schuld sein은 '~에 잘못이 있다'라는 관용구예요. daran이 나온 김에.
★ da-Verbindung 문법 영상으로 한 번 더 복습할까요?

201

상대가 괜찮은지 확인할 때
별일 없니?

202

상념에 빠진 상대에게
왜 그리 근심 걱정하고 있어?

203

상대를 걱정하는 마음
나는 네가 걱정돼.

204

꿍해 있는 상대에게
나한테 화났어?

205

다 나 때문이래
그거 내 잘못이야?

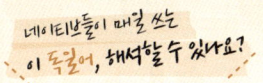

206
Sie ist heute gut gelaunt.

gut / schlecht gelaunt sein이라고 하면 '기분이 좋다 / 나쁘다'라는 것을 말해요.
같은 의미를 gute / schlechte Laune haben이라고도 표현할 수 있답니다.

207
Ich bin positiv überrascht.

그냥 überrascht sein이라고만 하면 놀랐다는 의미인데, 여기에 positiv를 더해 주면
어떤 일이 기대 이상이라 긍정적인 쪽으로 놀랐다는 좋은 표현이 된답니다.

208
Ich bin stolz auf dich!

auf etw.⁴ / jdn. stolz sein이라고 하면 '~을 자랑스러워하다'라는 관용구입니다. 이 문장은 칭찬, 격려,
응원의 의미, 그리고 상대방의 결정 등을 지지한다는 의미로도 활용할 수 있는 표현이에요.

209
Ich fühle mich geehrt!

geehrt는 동사 ehren(존경하다, 영광을 돌리다)의 분사형이에요.
과분한 칭찬이나 대접, 상 등을 받았을 때, 겸손하게 기쁨을 드러내는 표현입니다.

210
Ganz entspannt!

짧고 간단하면서 많이 쓰는 표현이에요. 긴장하지 말고 릴렉스(entspannt)하라는 의미인 동시에,
상대에게 부담을 주기 싫다는 의미도 담겨 있답니다.

네이티브들이 매일 쓰는
이 말, 들을어로 말할 수 있나요?

206

좋은 기분, 나쁜 기분

그녀는 오늘 기분이 좋아.

207

긍정적인 놀라움

기대 이상이라 놀랐어.

208

해냈구나!

네가 정말 자랑스러워!

209

나한테 이걸?

영광인데!

210

뚝딱대지 말고

천천히 편하게 해.

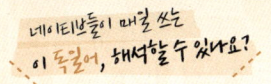

211~215.mp3

Mir ist schwindelig.

mir로 시작하는 문장은 대체로 나의 몸이나 감정 상태를 나타내요. schwindelig는 어지럽고 현기증 나는 것을 뜻합니다.

Mir ist schlecht / übel.

형용사 자리에 kalt / warm 등을 넣으면 "나 추워. / 나 더워." 등으로 활용할 수도 있답니다.

213

Ich habe Kopfschmerzen.

통증(Schmerzen) 표현 종합 세트! Bauchschmerzen(복통) / Halsschmerzen(인후통) / Rückenschmerzen(요통) / Zahnschmerzen(치통)

214

Bist du erkältet?

erkältet sein은 '감기 걸렸다'라는 뜻이에요. 명사로 '감기'는 die Erkältung이라고 합니다.
*** 독감은 die Grippe! ***

Du hast Fieber!

Fieber haben은 '열이 난다'는 뜻이에요. 몸이 으슬으슬 떨리는 오한이 있을 땐 Schüttelfrost haben이라고 표현합니다.

211

몸 상태에 대한 표현 1
어지러워.

212

몸 상태에 대한 표현 2
속이 안 좋아….

213

몸 상태에 대한 표현 3
머리 아파.

214

몸 상태에 대한 표현 4
너 감기 걸렸어?

215

몸 상태에 대한 표현 5
너 열 나!

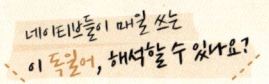

216~220.mp3

216
Ich habe meine Tage.

"Ich habe meine Periode."라고도 표현할 수 있어요. 참고로 생리대는 die Damenbinde, 탐폰은 der Tampon, 생리컵은 die Menstruationstasse라고 해요.

217
Ich bin nicht gut drauf.

단어 하나하나 놓고 보면 너무 쉬운데, 합쳐 놓으니 무슨 뜻인지 감이 잘 안 오죠? gut drauf sein이라고 하면 '기분이 좋다'라는 표현으로, 이 경우에는 nicht를 넣어서 "기분이 좋지 않다."라고 표현했어요.

218
Ich bin angepisst.

angepisst는 그냥 화가 난(sauer / böse) 정도가 아니라 제대로 '빡친' 상태를 말해요. 비속어도 알려주는 유익한 에밀리 책!

219
Er geht mir auf die Nerven.

jdm. auf die Nerven gehen은 '~의 신경을 거스르게 하다'라는 관용구입니다. 말 그대로 신경 위를(auf die Nerven) 잘근잘근 밟히는 것 같은 기분, 이 느낌 아시죠?

220
Sie geht mir auf den Sack.

jdm. auf den Sack gehen은 바로 앞 표현보다 좀 더 속어적이고 분노에 찬 느낌이에요.
★ 여기서 Sack은 뭐냐? 흠흠, 영상으로 알아볼게요…!

216

건드리지 마라 1

나 생리 중이야.

217

건드리지 마라 2

기분이 별로야.

218

건드리지 마라 3

빡치네.

219

건드리지 마라 4

걔가 내 신경을 긁어.

220

건드리지 마라 5

걔가 나 빡치게 하잖아.

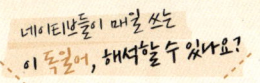

221~225.mp3

Bist du besoffen?

besoffen은 betrunken보다 좀더 많이 취한 상태를 친한 사이에 거침없이 표현할 수 있는 말입니다.
술을 그렇게 퍼마시더니 네가 단단히 취했구나 하는 느낌이에요.

Ich bin bedudelt.

완전히 취한 것도, 그렇다고 맨정신도 아닌 그 알딸딸한 경계를 잘 나타내 주는 형용사가
바로 bedudelt입니다. 무척 구어체적이고 자연스러운 표현이에요.

Ich habe einen Kater.

수컷 고양이를 가리켜 der Kater라고 하는데요, 이게 어쩌다 숙취를 뜻하는 표현이 되었을까요?
★ 영상으로 알아봅시다!

Mein Bein ist eingeschlafen.

"내 다리가 잠들었어."라니 귀엽지 않나요? 다리가 저린 것을 이렇게 표현해요.

Ich habe oft Wadenkrämpfe.

아침에 기지개를 켜다가 종아리(Waden)에 쥐가 빡! 나면 얼마나 아프게요?
게다가 이게 자주(oft) 있는 일이라면….

221

맨정신이 아닌 듯한 상대에게
너 취했냐?

222

만취까지는 아니고
나 알딸딸해.

223

달리고 난 다음날
나 숙취 있어.

224

몸이 예전 같지 않네 1
다리 저려.

225

몸이 예전 같지 않네 2
종아리에 쥐가 자주 나.

망각방지 장치 1

하루만 지나도 학습한 내용의 50%를 잊어 버립니다. 여러분은 얼마나 잊어 버렸을까요? 확인해 보고 알면 ○, 모르면 ×에 표시하고 잊은 표현은 복습하세요.

01	천천히 편하게 해.	Ganz ent_____!	219
02	나한테 화났어?	Bist du sauer _____ mich?	204
03	다리 저려.	Mein Bein ist ein_____.	224
04	빡치네.	Ich bin an_____.	218
05	나 알딸딸해.	Ich bin be_____.	222
06	네가 정말 자랑스러워!	Ich bin stolz _____ dich!	208
07	나는 네가 걱정 돼.	Ich mache _____ Sorgen _____ dich.	203
08	나 숙취 있어.	Ich habe einen _____.	223
09	기분이 별로야.	Ich bin nicht gut dr_____.	217
10	어지러워.	Mir ist sch_____.	211
11	그거 내 잘못이야?	Bin ich da_____ schuld?	205
12	걔가 내 신경을 긁어.	Er geht _____ auf die _____.	219
13	걔가 나 빡치게 하잖아.	Sie geht _____ auf den _____.	220
14	나 생리 중이야.	Ich habe meine _____.	216

정답 01 spannt 02 auf 03 geschlafen 04 gepisst 05 dudelig 06 auf 07 mir / um 08 Kater 09 auf 10 windelig 11 ran 12 mir / Nerven 13 mir / Sack 14 Tage

15	속이 안 좋아….	Mir ist schlecht / _____.	○ ✕	212
16	별일 없니?	Alles gut _____ dir?	○ ✕	201
17	영광인데!	Ich fühle mich ge_____!	○ ✕	209
18	왜 그리 근심 걱정하고 있어?	Warum bist du so be_____?	○ ✕	202
19	그녀는 오늘 기분이 좋아.	Sie ist heute gut ge_____.	○ ✕	206
20	기대 이상이라 놀랐어.	Ich bin _____ überrascht.	○ ✕	207
21	머리 아파.	Ich habe Kopf_____.	○ ✕	213
22	너 취했냐?	Bist du be_____?	○ ✕	221
23	종아리에 쥐가 자주 나.	Ich habe oft Waden_____.	○ ✕	225
24	너 감기 걸렸어?	Bist du er_____?	○ ✕	214
25	너 열 나!	Du hast _____!	○ ✕	215

맞은 개수: **25개 중 _____개**

그동안 _____%를 잊어 버리셨네요.
틀린 문장들은 다시 한번 꼭 보세요.

정답 15 übel 16 bei 17 ehrt 18 sorgt 19 launt 20 positiv 21 schmerzen 22 soffen 23 krämpfe 24 kältet 25 Fieber

226

Habe ich dich enttäuscht?

jdn. enttäuschen은 '~를 실망시키다'라는 동사입니다.
"그래, 나 너한테 실망했어!" 하는 표현은 "Ich bin enttäuscht von dir."

227

Sei nicht so pingelig!

동사 sein의 du 명령형인 'sei… (~하게 굴어라)'로 시작하는 문장. 여기서는 nicht를 추가해서
'~하게 굴지 말라'라고 표현했어요. pingelig와 비슷한데 다른 뉘앙스의 wählerisch도 알아 두면 유용해요.
★ 영상에서 비교해 드릴게요.

228

Er ist ein Perfektionist.

여성에게는 "Sie ist eine Perfektionistin."이라고 하면 되겠죠?

229

Mein Nachbar ist zu spießig.

spießig하다는 건 날카로운 꼬챙이(Spieß)처럼 꼬장꼬장하고 깐깐한,
그래서 주변 사람까지 불편하게 만드는 성향이나 분위기를 말해요.

230

Sie sind extrem misstrauisch.

극도로(extrem) 남을 믿지 못하는(misstrauisch) 데는 이유가 있겠죠. 한 번 크게 데인 적이 있을 수도 있고요.
'데인 적이 있다'는 독일어로 ein gebranntes Kind sein라고 한답니다.

226

그러게 왜 기대했니
나 때문에 실망했니?

227

이것저것 따져도 너무 따지네
까다롭게 굴지 좀 마!

228

다니엘은 어떤 사람이냐고?
그는 완벽주의자야.

229

좋게 좋게 넘어가는 법이 없지
우리 이웃은 너무 꽉 막혔어.

230

아무도 믿지 못하는 사람들
그 사람들 경계가 엄청 심해.

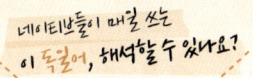

231~235.mp3

231
Heute ist nicht mein Tag.
직역하면 "오늘은 나의 날이 아니야." 어쩐지 하는 일마다 잘 안 풀리고 묘하게 어긋날 때, 또는 했던 실수를 반복할 때 자조적으로 쓸 수 있는 표현입니다.

232
Sei doch nicht so!
여기서 doch는 명령문을 한층 강조하는 역할을 합니다. 한국어로 치면 "아, 쫌!" 정도로 번역하면 딱이에요.

233
Sie ist nicht so gesprächig.
동사 sprechen(말하다), 명사 das Gespräch(담화, 대화), 그리고 형용사 gesprächig(수다스러운)까지. 세트로 알아두면 좋겠죠?

234
Bist du nicht einsam?
einsam은 '외로운, 쓸쓸한'이라는 형용사 / 부사예요. 이 자리에 다른 형용사를 넣어 응용이 가능하겠죠? "… müde(피곤하지 않니)?", "… glücklich(행복하지 않니)?" 등등!

235
So bin ich's gewohnt.
ich 뒤에 붙은 s는 es의 축약형이에요. etw.⁴ gewohnt sein이라고 하면 '~에 익숙하다'라는 의미로, 이 예문에서는 '그렇게(so) 하는 게 나에게는 익숙하다'라고 표현했습니다.

231

안 풀리네 오늘
오늘은 되는 일이 없네.

232

마음에 안 들게 행동하는 상대에게
그러지 마 좀!

233

내향형 인간 파이팅!
그녀는 말수가 그리 많지 않아.

234

'참외'롭다…
외롭지 않니?

235

내가 알던 그대로네
난 그게 익숙해.

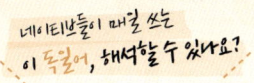

236
Findest du das lustig?

기분 나쁜 소리를 해놓고 농담이랍시고 낄낄대는 상대에게 일침을 가하는 표현입니다.
목적어+형용사+finden(목적어를 형용사하다고 생각하다) 조합은 알아 두면 두고두고 유용해요!

237
Was ist dein Problem?

독일 생활 초반에 독일인 친구에게 고민 상담해 준답시고 이 문장을 말했던 기억이 나네요.
이거 약간 시비 거는 표현인 거 느낌 오시죠? 여러분은 저처럼 실수하지 마세요!

238
Das ist sehr unangenehm.

옷이나 신발이 불편한 거 말고, 어떤 상황이나 분위기가 영 불편하고 거슬릴 때 unangenehm이라고 합니다.
기분 나쁜 신체 접촉, 질 낮은 농담, 가시방석 같은 자리 등을 두고 이렇게 표현해요.

239
Du hast mich verletzt.

jdn. verletzen은 '~를 상처 입히다'라는 뜻이에요.
상대방에게 상처받았을 땐 혼자 삭히지 말고 꼭 이야기하세요. 너 때문에 상처받았다고!

240
Sorry, das war unbedacht.

아무 생각 없이 던진 말이나 행동에 상대가 상처받은 것 같을 때,
'내가 너무 경솔했다(unbedacht)'며 사과하는 표현입니다.

236

웃어? 웃어?
넌 그게 재밌냐?

237

왜 그러냐 진짜?
너 뭐가 문젠데?

238

의사 표현은 확실히 1
그거 정말 불편하네.

239

의사 표현은 확실히 2
상처 주네?

240

의사 표현은 확실히 3
미안해, 내가 경솔했어.

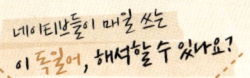

241~245.mp3

241
Sie ist eher zurückhaltend.

zurückhaltend는 그다지 나서지 않고 조용히 있는, 약간은 소심하거나 소극적인 성향을 나타냅니다.
문장에 eher가 들어가면 '~라기보다는 오히려 ~한 편이다'라는 뉘앙스가 더해져요.

242
Er ist so ein Dickkopf.

머릿속이 고집으로 꽉 찬 사람을 가리켜 ein Dickkopf이라고 부릅니다.
비슷한 말로 Sturkopf도 있어요.

243
Er ist ziemlich empfindlich.

감정적으로 예민한 사람을 두고 empfindlich하다고 표현합니다.
촉각이 예민한 것도 empfindlich라고 표현할 수 있고, 나아가 섹슈얼한 의미로도 사용할 수 있어요.

244
Sie ist sehr ehrgeizig.

성공과 성취를 지향하고 야심에 가득찬 성향을 ehrgeizig하다고 표현합니다.
ehr를 떼고 geizig라고만 하면 '인색한, 쫀쫀한'이라는 의미가 돼요.

245
Sie ist zu selbstkritisch.

자기 자신을(selbst) 비판적으로(kritisch) 보는 성향을 가리켜 selbstkritisch라고 합니다.
비슷한 맥락에서 늘 스스로를 돌아보고 반성하는 성격은 gut reflektiert sein이라고 해요.

241

너에 대하여 1

그녀는 좀 소심한 / 소극적인 편이야.

242

너에 대하여 2

그는 완전 고집불통이야.

243

너에 대하여 3

그는 아주 예민한 편이야.

244

너에 대하여 4

그녀는 야심이 대단해.

245

너에 대하여 5

그녀는 자기비판이 너무 심해.

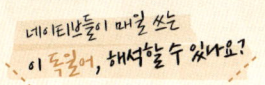

246~250.mp3

Es fühlt sich nicht richtig an.

sich' anfühlen이라고 하면 '~한 느낌이다'라는 재귀동사입니다.
뭔가 옳지 않을 때(nicht richtig), 그래서 이러면 안 될 것 같은 기분이 들 때 쓰는 표현이에요.

ein schlechtes Gewissen

나쁜(schlechtes) 양심(Gewissen)이란 곧 나쁜 일을 한 데서 오는 양심의 가책을 말해요.
반대로 좋은 양심(ein gutes Gewissen)은 좋은 일을 한 뒤의 뿌듯한 느낌을 말합니다.

248

Ich bin total verzweifelt.

verzweifelt한 상태를 설명하자면, 뭔가 뜻대로 안 돼서 좌절스러우면서도 이 상황을 어떻게
헤쳐 나가야 할지 전혀 모르겠는, 아주 막막하고 절망적인 느낌이에요.

Ich habe ein komisches Gefühl.

komisch는 모양만 보면 왠지 웃기다는 뜻일 것 같지만, 사실은 '이상한'이라는 형용사 / 부사예요.
Gefühl 대신에 Bauchgefühl을 넣어 주면 우리말의 '촉'과 한층 더 가까운 의미가 돼요.

Ich fühle mich ausgenutzt.

"Ich fühle mich…." 문장은 다양한 형용사와 결합해서 쓸 수 있는데,
여기서는 ausnutzen(이용하다, 등쳐먹다)의 분사형 형용사를 넣어 줬어요.
비슷한 속어적 표현으로는 "Ich fühle mich verarscht(속은 기분이야)."가 있어요.

246
이건 정말 아니야
이러면 안 될 것 같아.

247
잘못된 일을 벌였을 때
양심의 가책

248
이러지도 저러지도 못하고
완전 절망적이야.

249
촉이 안 좋을 때
기분이 영 이상한데.

250
뭔가 찝찝한 이 기분
나 이용당하는 기분이야.

망각방지 장치 1

하루만 지나도 학습한 내용의 50%를 잊어 버립니다. 여러분은 얼마나 잊어 버렸을까요? 확인해 보고 알면 ○, 모르면 ×에 표시하고 잊은 표현은 복습하세요.

01 그거 정말 불편하네. Das ist sehr un_____. (238)
02 오늘은 되는 일이 없네. Heute ist nicht _____ Tag. (231)
03 기분이 영 이상한데. Ich habe ein _____es Gefühl. (249)
04 그러지 마 좀! _____ doch nicht so! (232)
05 나 때문에 실망했니? Habe ich dich ent_____? (226)
06 상처 주네? Du hast mich ver_____. (239)
07 우리 이웃은 너무 꽉 막혔어. Mein Nachbar ist zu _____ig. (229)
08 그는 아주 예민한 편이야. Er ist ziemlich _____lich. (243)
09 나 이용당하는 기분이야. Ich fühle mich _____ genutzt. (250)
10 미안해, 내가 경솔했어. Sorry, das war un_____. (240)
11 까다롭게 굴지 좀 마! Sei nicht so _____elig! (227)
12 그녀는 좀 소심한/소극적인 편이야. Sie ist eher _____haltend. (241)
13 그녀는 말수가 그리 많지 않아. Sie ist nicht so ge_____. (233)
14 완전 절망적이야. Ich bin total ver_____. (248)

정답 01 angenehm 02 mein 03 komisch 04 Sei 05 täuscht 06 letzt 07 spieß 08 empfind 09 aus 10 bedacht 11 ping 12 zurück 13 sprächig 14 zweifelt

15	난 그게 익숙해.	So bin ich's ge_____.	235
16	그는 완벽주의자야.	Er ist ein _____ionist.	228
17	그는 완전 고집불통이야.	Er ist so ein _____kopf.	242
18	넌 그게 재밌냐?	Findest du das _____?	236
19	너 뭐가 문젠데?	Was ist dein _____?	237
20	그녀는 야심이 대단해.	Sie ist sehr ehr_____.	244
21	그 사람들 경계가 엄청 심해.	Sie sind extrem _____trauisch.	230
22	외롭지 않니?	Bist du nicht _____?	234
23	그녀는 자기비판이 너무 심해.	Sie ist zu selbst_____.	245
24	양심의 가책	ein schlechtes _____	247
25	이러면 안 될 것 같아.	Es fühlt _____ nicht richtig _____.	246

맞은 개수: **25개 중** _____ 개

그동안 _____ %를 잊어 버리셨네요.
틀린 문장들은 다시 한번 꼭 보세요.

정답 15 wohnt 16 Perfekt 17 Dick 18 lustig 19 Problem 20 geizig 21 miss 22 einsam
23 kritisch 24 Gewissen 25 sich / an

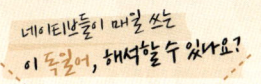

251~255.mp3

251

Schäm dich!

재귀동사 sich⁴ schämen은 '부끄러워하다, 수치스러워하다'라는 의미입니다.
못된 짓을 해 놓고도 쪽팔린 줄 모르는 상대에게 일침을!

252

Wie peinlich!

「Wie+형용사!」 감탄문은 무궁무진하게 활용이 가능해요.
"Wie schön(아 예쁘다)!", "Wie cool(대박이다)!", "Wie langweilig(아 재미없어)!"
여러분도 응용해 보세요.

253

Cringe.

영어에서 넘어온 단어로, 주로 어린(젊은) 친구들이 많이 써요. 어떤 사람이나 대상으로 인해
나까지 창피한 기분, 아시죠? 독일어 표현은 Fremdscham(대리 수치).

254

Wie unsympathisch!

unsympathisch는 어떤 사람이나 대상이 영 정이 가지 않고 밉상인,
그래서 좀처럼 좋아할 수 없다는 것을 뜻해요. Wie 감탄문은 앞에서 배웠죠?

255

Spinnst du?

'돌다'라는 의미의 동사 spinnen를 사람에게 쓰면, 한국어와 마찬가지로 머리가 돌았다.
즉 '제정신이 아니다'라는 뜻이 됩니다. 친한 사이에는 장난으로 쓸 수도 있지만,
그렇지 않고서는 싸움 날 수 있으니 사용에 유의!

251

네가 그러고도 인간이냐
부끄러운 줄 알아라!

252

자신 혹은 상대를 두고
아 창피해!

253

이 몹쓸 공감성 수치
부끄러움은 왜 나의 몫인가.

254

좀처럼 좋아할 수 없는 대상을 두고
진짜 비호감이다.

255

미치지 않고서야…
너 돌았냐?

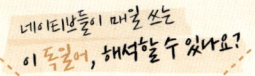

256 Ich habe gar keine Motivation.

die Motivation은 '하고자 하는 동기, 의욕'을 뜻해요.
조금 다르게 표현해서 "Ich bin gar nicht motiviert."라고 할 수도 있답니다.
반대로 의욕이 넘칠 땐 "Ich habe große Motivation.", "Ich bin richtig motiviert."라고 해요.

257 Ich bin sehr gestresst.

같은 의미의 다른 표현으로 im Stress sein도 있어요. "Ich bin im Stress."라고 하면 되겠죠?

258 Ich wurde im Stich gelassen.

jdn. im Stich lassen은 '~를 (위험이나 어려움 속에) 방치 / 유기하다, 저버리다'라는
매우 자주 쓰는 관용구입니다. 예문에서는 수동태로 써 줬어요.

259 Ich gehe gerade durch die Hölle.

직역하면 "나는 지금 지옥 한복판을 가로질러 가는 중이야."라는 의미예요.
즉, 심적으로나 체력적으로 너무 힘들고 어려운 상황을 겪고 있다는 의미입니다.

260 Ich weiß nicht mehr weiter!

직역하면 "나 더 이상은 모르겠어!" 즉, 혼자 힘으로는 뭘 어떻게 해야 할지 모르는 절망적이고 어려운 상황에
내뱉을 법한 표현입니다. 누군가 이런 말을 한다면 꼭 귀 기울여 들어 주세요.

256

힘들고 지칠 때 1

의욕이 전혀 없어.

257

힘들고 지칠 때 2

나 너무 스트레스 받아.

258

힘들고 지칠 때 3

나 (배신당하고) 혼자 남겨졌어.

259

힘들고 지칠 때 4

지금 지옥에 있는 기분이야.

260

힘들고 지칠 때 5

나 이제 어쩌면 좋아?

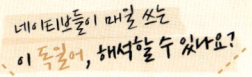

Heul dich aus!

재귀동사 sich⁴ ausheulen은 실컷 울어서 감정을 다 내보내는 것을 의미해요. 때로는 무조건 울지 말라는 말보다 차라리 울어 버리라는 말이 더 큰 위로가 되죠.

Ich bin an deiner Seite.

비슷한 표현으로 "Ich stärke dir den Rücken(내가 너의 든든한 백이 될게)."도 있답니다.

Fühl dich gedrückt.

drücken이 뭔가를 누른다는 뜻도 있지만 umarmen(포옹하다)의 뜻도 있어요. 네가 마치 꼭 껴안긴 것처럼(gedrückt) 느끼렴(fühl dich)! 즉, 토닥토닥의 의미예요. gedrückt 자리에 umarmt로 대체 가능합니다.

Das gibt mir Kraft.

영어의 power에 해당하는 독일어 단어가 바로 die Kraft입니다. 힘들 때 힘을 주는 상대에게, 네 말이 내게 힘이 된다라는 의미로 쓰기 좋은 표현이에요.

Ich freue mich für dich!

재귀동사로 sich freuen⁴이라고 하면 '기뻐하다'라는 의미인데요. 너를 위해(für dich) 내가 기쁘다라는 말인즉슨, '너에게 좋은 일이 있어서 내가 다 기쁘다/참 잘됐다'라는 표현입니다.

261

슬프고 힘들 땐 차라리
실컷 울어 버려!

262

그러니 힘내!
나는 네 편이야.

263

멀리서 응원할게
토닥토닥.

264

응원이나 위로를 받았을 때
큰 힘이 돼.

265

상대에게 좋은 일이 있을 때
잘 됐다!

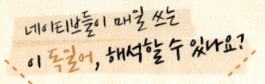

266~270.mp3

Ich drehe durch.

durchdrehen은 정신적 압박이 큰 상황에서 더 이상 견디지 못하고 미쳐 버리는 것을 뜻해요.
정말 병적으로 미친다기보다는 그만큼 힘들고 압박이 심하다는 의미로 많이 씁니다.

Ich bin pleite.

이 경우에 형용사 arm을 떠올리기 쉬운데, 뉘앙스가 좀 달라요. arm은 지속적이고 만성적인 가난의 상태에 더 어울리고, pleite는 돈을 마구 써서 순간적으로 가난해진 상태, 심하게는 파산한 상태를 가리킵니다.

Können wir vernünftig reden?

상대가 비이성적으로 굴고 있다는 걸 전제한 문장이기 때문에 조심해서 사용하세요.
약간 변형해서 "Können wir nicht vernünftig reden?"이라고 하면
"우리 좀 이성적으로 대화할 수는 없는 거니?" 하고 따지는 느낌 추가!

Keine Panik!

die Panik은 '공포, 패닉'을 뜻해요.
예상치 못한 상황에서 우왕좌왕하는 상대에게 진정하라는 의미로 많이 씁니다.

Sorry, ich war kurz abgelenkt.

jdn. ablenken이라고 하면 뭔가에 집중하고 있는 상대의 주의를 돌려서 한눈팔게 만드는 것을 말해요.
여기서는 분사형으로 써서 '한눈팔린, 다른 생각하는'이라는 의미로 표현했습니다.

네이티브들이 매일 쓰는
이 말, 독일어로 말할 수 있나요?

266

돌겠다 정말

미쳐 버리겠네.

267

돈 없을 때

나 거지야.

268

무조건 화내지만 말고

이성적으로 대화할까?

269

아무것도 잘못되지 않았어

겁먹지 마! / 진정해!

270

좀처럼 좋아할 수 없는 대상을 두고

미안, 잠깐 정신 팔렸어.

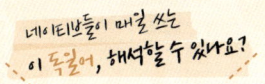

271
Ich habe Fernweh.

향수병(das Heimweh)에 반대되는 표현이 das Fernweh입니다.
먼 곳에 대한 동경. 그래서 당장이라도 떠나고 싶은 마음이라고나 할까요?

272
Bist du spontan?

spontan은 즉흥적이고 조금은 충동적인, 그때그때 생각나는 대로 실행에 옮기는 성향을 말해요.
데이트 상대가 이렇게 물을 경우, 약간의 섹슈얼한 의미도 있을 수 있어요.

273
Ich bin weltoffen.

세상(Welt)에서 일어나는 모든 일에 열린(offen) 마음을 갖고 있고, 호기심도 많고,
그래서 해보고 싶은 일도 많은 성격을 weltoffen하다고 표현합니다.

274
Geht's noch?

여러 가지 뉘앙스를 띨 수 있는 표현인데요. 여기서는 힘들거나 피곤한 상황에서 상대가 아직 괜찮은지,
이대로 계속할 수 있겠는지 챙겨 주는 느낌으로 사용했어요.
*** 톤을 세게 하면 시비 거는 의미도 돼요. ***

275
Ich habe mich verlaufen.

재귀동사 sich⁴ verlaufen은 '길을 잃다'라는 의미입니다. laufen이 들어간 동사이지만
현재완료형에서 sein이 아닌 haben과 결합하는 것에 주의!

271

집도 좋지만 먼 곳이 그리워
어디론가 떠나고 싶어.

272

내일 당장 여행 가자면 갈래?
너 즉흥적인 편이야?

273

모든 가능성 열어 둬
나는 오픈 마인드야.

274

상대의 상태를 살피며
아직 괜찮아?

275

여긴 어디? 난 누구?
나 길 잃었어.

망각방지 장치 1

하루만 지나도 학습한 내용의 50%를 잊어 버립니다. 여러분은 얼마나 잊어 버렸을까요? 확인해 보고 알면 O, 모르면 ×에 표시하고 잊은 표현은 복습하세요.

01	나 길 잃었어.	Ich habe ___ ver___.	275
02	미쳐 버리겠네.	Ich drehe ___.	266
03	너 돌았냐?	___st du?	255
04	부끄러움은 왜 나의 몫인가.	___.	258
05	진짜 비호감이다.	Wie un___!	264
06	나 거지야.	Ich bin ___.	267
07	아직 괜찮아?	Geht's ___?	274
08	의욕이 전혀 없어.	Ich habe gar keine ___.	263
09	어디론가 떠나고 싶어.	Ich habe ___weh.	271
10	실컷 울어 버려!	Heul dich ___!	261
11	부끄러운 줄 알아라!	___ dich!	251
12	미안, 잠깐 정신 팔렸어.	Sorry, ich war kurz ab___.	270
13	나 너무 스트레스 받아.	Ich bin sehr ge___.	257
14	이성적으로 대화할까?	Können wir ___ reden?	268

정답 01 mich / laufen 02 durch 03 Spinn 04 Cringe 05 sympathisch 06 pleite 07 noch 08 Motivation 09 Fern 10 aus 11 Schäm 12 gelenkt 13 stresst 14 vernünftig

15	나는 네 편이야.	Ich bin _____ deiner _____.	262
16	지금 지옥에 있는 기분이야.	Ich gehe gerade _____ die _____.	259
17	큰 힘이 돼.	Das gibt mir _____.	264
18	아 창피해!	Wie _____!	262
19	너 즉흥적인 편이야?	Bist du _____?	272
20	나 이제 어쩌면 좋아?	Ich weiß nicht _____!	260
21	나 (배신 당하고) 혼자 남겨졌어.	Ich wurde im _____ ge_____.	258
22	토닥토닥.	Fühl dich ge_____.	263
23	잘 됐다!	Ich freue mich _____ dich!	265
24	겁먹지 마! / 진정해!	Keine _____!	269
25	나는 오픈 마인드야.	Ich bin _____ offen.	273

맞은 개수: **25개 중** _____ 개

그동안 _____%를 잊어 버리셨네요.
틀린 문장들은 다시 한번 꼭 보세요.

정답 15 an / Seite 16 durch / Hölle 17 Kraft 18 peinlich 19 spontan 20 mehr weiter
21 Stich / lassen 22 drückt 23 für 24 Panik 25 welt

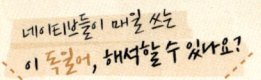

276
Bilde ich mir das nur ein?

sich³ etw.⁴ einbilden은 '~을 상상 / 망상하다, 착각하다'라는 관용구예요.
예를 들면 누군가 나를 좋아하는 것 같은데 긴가민가할 때 사용하면 딱 어울리는 표현이랍니다.

277
Ich bin gerade verwirrt.

verwirrt sein은 '혼란스러워하다, 헷갈려 하다'라는 뜻이에요.
"내가 너를 헷갈리게 했니?" 하고 물을 땐 "Habe ich dich verwirrt?"라고 한답니다.

278
Das war sehr naiv von mir.

순수한 것과 순진한 것은 다르다고 하죠. 전자는 독일어로 unschuldig, 후자는 naiv라고 표현합니다.
naiv 자리에 dumm(멍청한), gemein(못된), mutig(용감한) 등 다양한 형용사를 넣어 활용해 보세요.

279
Ich wollte nicht jammern.

'불평하다'라는 의미의 독일어 단어로는 sich beschweren, meckern, klagen 등 여러 가지가 있지만,
그중에서도 jammern은 타당한 이유 없이 그저 투덜투덜대는 느낌이 강해요.

280
Ich sollte nicht meckern.

조동사 sollen을 접속법 2식으로 쓰면 '~해야 한다'라는 충고, 조언의 의미가 돼요.
여기서는 nicht가 들어갔으니 '~해서는 안 된다'라는 거겠죠.
이 정도로 만족하고 불평하지 말아야지 하는 표현이랍니다.

276

혼자만의 생각인 걸까
나 혼자 착각하는 건가?

277

뭐가 뭔지 모르겠을 때
나 지금 엄청 헷갈려.

278

안일하게 대처했던 것을 후회하며
내가 너무 순진했지.

279

실컷 불평한 뒤에 하는 말
투덜거리려던 건 아니었는데.

280

가진 것에 감사해하지는 못할망정
불평하면 안 되겠지.

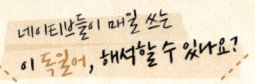

281~285.mp3

281
Ich habe schlecht geschlafen.

"잠을 너무 조금밖에 못 잤다."라고 할 때는 "Ich habe zu wenig geschlafen."이라고 합니다. "잘 잤어?"라고 물을 땐 "Hast du gut geschlafen?"이라고 하면 돼요.

282
Ich bin so kaputt.

kaputt은 원래 뭔가가 고장 났다는 의미죠. 그냥 피곤한(müde) 정도를 넘어서 몸도 마음도 완전히 지쳐 버렸을 때 쓰는 표현입니다.

283
Erhol dich gut!

재귀동사 sich⁴ erholen은 '쉬다, (병이나 피로를) 회복하다'라는 의미입니다.

284
Ich habe keinen Appetit.

der Appetit는 입맛, 식욕이라는 뜻이에요. 독일에서는 식사를 시작할 때 "Guten Appetit!"라고 인사한답니다.

285
Ich habe ein Hüngerchen.

보통은 "Ich habe Hunger(배고파)."라고 하지만, 단어를 조그맣고 귀엽게 만들어 주는 접미사 –chen을 붙여서 '배가 살짝 고프다'라는 것을 장난스럽게 표현한 문장입니다. 재미 삼아 써 보세요.

281

내 컨디션이 왜 이러냐면

잠을 잘 못 잤어.

282

müde를 넘어선 피곤함

나 너무 지쳤어.

283

아프거나 지친 상대에게

푹 쉬어!

284

죽을병인가

입맛이 없어.

285

귀여운 사람만 쓰기

배가 꼬르륵해.

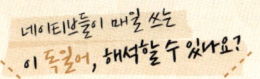

286~290.mp3

Das ist todlangweilig.

그냥 langweilig라고만 해도 재미없다는 뜻인데, Tod–까지 붙었으니 정말 죽을 만큼 지루하고 재미없다는 말이겠죠? 사람을 상대로 쓸 수도 있는 표현이긴 하지만, 당사자가 들으면 정말 상처받을 거예요.

Ich bin fast eingeschlafen.

fast는 '거의, ~에 가깝게'라는 부사입니다. 정말 피곤해서 잠들 뻔했다는 얘기도 되고, 너무 지루한 나머지 깜빡 졸 뻔했다는 의미도 되는 표현이에요.

Ich bin nicht so überzeugt.

von jdm. / etw.³ überzeugt sein이라고 하면 '~에 설득 / 납득되다, ~을 믿어 의심치 않다'라는 관용구예요. 예문에서는 이걸 부정문으로 써서, 뭔가가 별로 납득이 가지 않는 심드렁한 마음을 표현했어요.

Ich bin froh, dass es vorbei ist.

Ich bin froh, dass…이라는 문장 형태는 여러 가지로 활용이 가능한데요. 여기서는 뭔가 마음에 안 들었던 것이 드디어 지나가서 / 끝나서(vorbei) 기쁘다는 의미입니다.

Fauler geht es nicht.

fauler 자리에 다른 형용사의 비교급을 넣어서 활용해 보세요.
"Besser geht es nicht(이 이상 좋을 수가 없어).",
"Schlimmer geht es nicht(이 이상 나쁠 수가 없어)." 등등!

286

물론 독일어 얘기는 아니고
그거 더럽게 재미없네.

287

어찌나 재미없는지
거의 잠들 뻔했어.

288

심드렁하다 / 못 미덥다
별로 납득이 안 가는데.

289

이 또한 지나가는구나
끝나서 다행이야.

290

이건 뭐 나무늘보도 아니고
이 이상 게으를 수가 없어.

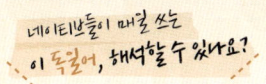

291~295.mp3

291
Warum so ein langes Gesicht?

영어에서 long face가 우울한 얼굴을 뜻하는 것처럼, 독일어에서도 ein langes Gesicht라고 하면 얼굴이 길다는 의미도 물론 되겠지만 비유적으로 '울상, 죽상'이라는 뜻이 돼요.

292

Du machst nur Mimimi.

Mimimi machen은 구어적 표현으로 '징징대다'라는 의미예요.
이렇게 귀여운(?) 독일어 표현은 또 뭐가 있을까요?
★ 영상에서 함께 알아봅시다!

293
Habe ich da überreagiert?

überreagieren 하면 말 그대로 오버해서(über-) 리액션하다(reagieren)라는 의미의 단어입니다.
어떤 상황을 두고, 내가 거기다(da) 대고 오버하는 것 같냐고 반문하는 표현이에요.

294
emotionale Müllhalde

우리말의 '감정 쓰레기통'보다 한층 더 심한 말입니다. 왜냐하면 Müllhalde는 무려 '쓰레기장'이거든요.
"나는 네 감정 쓰레기통이 아니야!"라고 하려면 "Ich bin nicht deine emotionalle Müllhalde."

295
Versuch, positiv zu bleiben.

부정사 zu + versuchen은 '~하려고 노력하다, 시도하다'라는 의미예요. 이걸 du 명령형으로 만들어서
상대에게 긍정적으로(positiv) 지내도록(zu bleiben) 노력해 보라고 조언해 주는 표현입니다.

291

잔뜩 우울한 얼굴을 한 상대에게

왜 그렇게 울상이야?

292

징징징징

너는 그저 징징댈 줄만 알지.

293

오버 안 하게 생겼냐 지금

내가 오버했나 / 너무했나?

294

부정적인 감정을 다 받아내는

감정 쓰레기통

295

비관하는 상대에게

긍정적인 마음을 잃지 마.

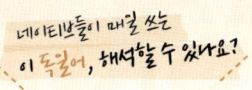

296. Remmidemmi

꼭 부정적인 뜻만 있는 게 아니라, 아이들이 신나게 노는 모습이나 어른들이 정신 줄 놓고 파티하는 모습을 나타내기도 합니다. 동사 machen과 함께 써서 "Remmidemmi machen(요란법석을 떨다)."라고 표현할 수 있어요.

297. Warum bist du so hibbelig?

hibbelig는 뭔가 불안하고 정신없고, 가만 있지를 못하는 상태를 말해요.

298. Total aufgeregt!

정석대로 쓰자면 "Ich bin total aufgeregt!"입니다. 동사로 sich⁴ aufregen이라고 하면 '열받다, 짜증나다'라는 부정적인 느낌이 들지만 분사형인 aufgeregt는 긍정적인 뉘앙스가 강해요.

299. Sehr gespannt!

활시위가 팽팽하게 당겨진 것처럼 긴장이 고조된 기분을 표현할 때 gespannt sein이라고 하는데요. 곧 다가올 일에 대한 긍정적인 기대감과 약간의 초조함을 잘 담고 있는 표현입니다.

300. Wir sind voller Vorfreude.

vor(~이전에, 이미)+Freude(기쁨), 즉 좋은 일을 앞두고 그 전부터 기뻐하는 것을 말해요.
voller+추상명사 조합은 여러 가지로 활용 가능하답니다.
voller Hoffnung(희망으로 가득 찬), voller Mut(용기로 가득 찬) 등등!

296

천방지축♪ 어리둥절♪ 빙글빙글♪
시끌벅적 / 요란법석

297

헬렐레 벨렐레
정신 사납게 왜 그래?

298

긴장 또는 설렘
완전 긴장돼 / 흥분돼!

299

앞으로 다가올 일에 대해
기대되는데!

300

곧 다가올 일을 앞두고
벌써부터 너무 신나.

망각방지장치 1

하루만 지나도 학습한 내용의 50%를 잊어 버립니다. 여러분은 얼마나 잊어 버렸을까요? 확인해 보고 알면 ○, 모르면 ×에 표시하고 잊은 표현은 복습하세요.

01 투덜거리려던 건 아니었는데.   Ich wollte nicht _____.

02 배가 꼬르륵해.   Ich habe ein _____chen.

03 시끌벅적 / 요란법석   Remmi _____

04 왜 그렇게 울상이야?   Warum so ein _____es _____?

05 나 혼자 착각하는 건가?   Bilde ich _____ das nur _____?

06 감정 쓰레기통   emotionale _____halde

07 나 지금 엄청 헷갈려.   Ich bin gerade ver_____.

08 거의 잠들 뻔했어.   Ich bin fast _____ geschlafen.

09 별로 납득이 안 가는데.   Ich bin nicht so _____.

10 완전 긴장돼 / 흥분돼!   Total _____ geregt!

11 내가 너무 순진했지.   Das war sehr _____ von _____.

12 그거 더럽게 재미없네.   Das ist tod_____.

13 긍정적인 마음을 잃지 마.   _____, positiv _____ bleiben.

14 불평하면 안 되겠지.   Ich sollte nicht _____.

정답 01 jammern 02 Hünger 03 demmi 04 lang / Gesicht 05 mir / ein 06 Müll 07 wirrt 08 ein
09 überzeugt 10 auf 11 naiv / mir 12 langweilig 13 Versuch / zu 14 meckern

15	나 너무 지쳤어.	Ich bin so _____.	282
16	이 이상 게으를 수가 없어.	_____ er geht es nicht.	290
17	벌써부터 너무 신나.	Wir sind _____ Vor_____.	300
18	잠을 잘 못 잤어.	Ich habe _____ ge_____.	281
19	끝나서 다행이야.	Ich bin _____, dass es _____ ist.	289
20	내가 오버했나 / 너무했나?	Habe ich da _____ reagiert?	293
21	푹 쉬어!	_____ dich gut!	283
22	너는 그저 징징댈 줄만 알지.	Du machst nur _____.	292
23	입맛이 없어.	Ich habe keinen _____.	284
24	정신 사납게 왜 그래?	Warum bist du so _____?	297
25	기대되는데!	Sehr _____!	299

맞은 개수: **25개 중** _____ 개

그동안 _____%를 잊어 버리셨네요.
틀린 문장들은 다시 한번 꼭 보세요.

정답 15 kaputt 16 Faul 17 voller / Freude 18 schlecht / schlafen 19 froh / vorbei 20 über
21 Erhol 22 Mimimi 23 Appetit 24 hibbelig 25 gespannt

망각방지장치 2

일주일이 지나면 학습한 내용의 70%를 잊어 버립니다. 여러분은 얼마나 잊어 버렸을까요? 대화문으로 확인해 보고 잊은 표현은 복습해 보세요.

21 어학원에서 만난 하킴과 이야기하는 에밀리

Unterhaltung21.mp3

Emily Und woher kommen Sie?

Hakim Wir können uns gern duzen. Ich komme aus Syrien!
Ich möchte in Deutschland Medizin studieren.

Emily (*denkt für sich*) 얘는 야심이 대단하네. [244]
Das ist eine tolle Idee. Du wirst es sicher schaffen!

Hakim Danke für die netten Worte. 큰 힘이 돼. [264]

단어 die Medizin 의학, 의술 die Worte 말, 어구

22 피아를 만난 에밀리

Unterhaltung22.mp3

Emily Es ist schon ganz gut, in der Sprachschule zu sein.
Aber ich wäre lieber an der Universität!

Pia 너는 자기비판이 너무 심해! [245] Es ist ein toller erster Schritt,
und im nächsten Semester kannst du dich doch nochmal
bewerben.

Emily Stimmt. 불평하면 안 되겠지. [280]

Pia Und in der Zwischenzeit könnten wir uns nach einem
Nebenjob für dich umschauen.

Emily Vielen Dank.

Pia Na klar. 나는 네 편이야. [262]

단어 der erste Schritt 첫걸음   das Semester 학기   in der Zwischenzeit 그 사이에, 그 동안에
der Nebenjob 아르바이트   sich[4] umschauen 둘러보다, 탐색하다

21

에밀리 그럼 어디서 오셨어요?

하킴 우리 말 편하게 하자. 나는 시리아에서 왔어!
독일에서 의대에 가고 싶어.

에밀리 (혼자 생각하길) **Er ist sehr ehrgeizig.** [244]
그거 좋은 생각이네. 너라면 할 수 있을 거야!

하킴 그렇게 말해줘서 고마워. **Das gibt mir Kraft.** [264]

22

에밀리 어학원 다니니까 확실히 좋긴 해. 그치만 나는 대학에 더 가고 싶어!

피아 **Du bist zu selbstkritisch!** [245] 그건 충분히 좋은 첫걸음이야, 대학에는 다음 학기에 다시 지원하면 되는 거고.

에밀리 맞아. **Ich sollte nicht meckern.** [280]

피아 그리고 어학원 다니는 동안 너를 위한 아르바이트 자리도 같이 찾아보면 되겠네.

에밀리 정말 고마워.

피아 고맙긴. **Ich bin an deiner Seite.** [262]

23 | 2주 후 어학원에서

Unterhaltung23.mp3

Hakim 나 잠을 잘 못 잤어. ²⁸¹ Meine Nachbarn hatten eine laute Party.

Emily Wenigstens hast du coole Leute im Haus. 우리 이웃은 너무 꽉 막혔어. ²²⁹ Er kontrolliert ständig die Mülltrennung. (*lacht*)

Hakim 웬일이니! Hey, wollen wir am Nachmittag in die Stadt fahren?

Emily Gerne, ich brauche eine Hautcreme.

Hakim Uuh, ich auch!

단어 der Nachbar 이웃 wenigstens 그래도, 최소한 kontrollieren 통제하다, 감시하다 ständig 지속적으로, 계속해서 die Mülltrennung 분리수거

24 | 시내에서

Unterhaltung24.mp3

Emily 왜 그렇게 울상이야? ²⁹¹

Hakim Ich hätte gerne einen Nebenjob. Die Geldsorgen machen mir zu schaffen.

Emily 긍정적인 마음을 잃지 마. ²⁹⁵ Ich kenne eine gute Website für Nebenjobs, zum Beispiel als Kellner.

Hakim 별로 설득이 안 되는데. ²⁸⁸

Emily Glaub mir, die Arbeit macht Spaß und das Trinkgeld ist gut!

단어 die Geldsorge 돈 걱정 jdm. zu schaffen machen ~를 괴롭게 하다, 힘들게 하다

23

하킴 **Ich habe schlecht geschlafen.** [281] 이웃 사람들이 시끄럽게 파티를 하더라니까.

에밀리 그래도 너는 쿨한 사람들이랑 같이 살기나 하지. **Mein Nachbar ist zu spießig.** [229] 매번 분리수거 잘하나 못하나 감시하더라니까. (웃음)

하킴 **Ach du Scheiße!** [252] 있지, 우리 오후에 시내에 나갈래?

에밀리 좋지, 나 얼굴에 바를 크림 필요해.

하킴 어머, 나도!

24

에밀리 **Warum so ein langes Gesicht?** [291]

하킴 나도 아르바이트 하고 싶어. 돈 걱정 때문에 너무 힘들어.

에밀리 **Versuche, positiv zu bleiben.** [295] 나 아르바이트 구할 수 있는 웹사이트 알아. 예를 들면 웨이터 같은 거.

하킴 **Ich bin nicht so überzeugt.** [288]

에밀리 내 말 믿어 봐. 웨이터 일 재미도 있고 팁도 짭짤해!

25 그 날 저녁, 피아네 집

Unterhaltung25.mp3

Pia: Wie war heute die Sprachschule?

Emily: Ehrlich gesagt, 거의 잠들 뻔했어. 287

Pia: Es kann nicht immer spannend sein. Wie wär's, wenn wir was kochen?

Emily: Gerne! 나 배가 꼬르륵해. 285

단어 spannend 흥미진진한, 긴장되는, 흥분되는

26 수다 떠는 피아와 에밀리

Unterhaltung26.mp3

Pia: Und wie läuft der Nebenjob?

Emily: 나 너무 스트레스 받아. 257 Ich musste gestern und heute die Schicht von meiner Kollegin übernehmen.

Pia: Dann lass uns heute etwas entspannen. 너 즉흥적으로 아무거나 할 준비 됐어? 272

Emily: Eigentlich schon. Aber 오늘은 날이 아니야. 231

Pia: Macht nichts, ruf mich doch einfach die Tage wieder an!

단어 die Schicht 교대 근무 시간 übernehmen 넘겨 받다 sich⁴ entspannen 스트레스를 풀다, 릴렉스하다

25

피아   오늘 어학원에서 어땠어?

에밀리   솔직히 말해서, **ich bin fast eingeschlafen.** [287]

피아   항상 흥미진진할 수는 없지. 우리 뭐 만들어 먹을까?

에밀리   좋아! **Ich habe ein Hüngerchen.** [285]

26

피아   아르바이트는 잘 돼 가?

에밀리   **Ich bin sehr gestresst.** [257] 어제오늘 같이 일하는 사람 시간까지 대신해서 일해야 했거든.

피아   그럼 오늘 스트레스 좀 풀어야겠네. **Bist du spontan?** [272]

에밀리   그렇기는 한데. **Heute ist nicht mein Tag.** [231]

피아   그래 그럼, 나중에 내키면 전화해!

27　어학원에서 하킴과 에밀리 1　　　　　　　　　　　　Unterhaltung27.mp3

Emily　Yay! Ich habe eine Zusage für das nächste Semester bekommen!

Hakim　Schön für dich. Leider hat meine Bewerbung diesmal nicht geklappt.

Emily　미안해, 내가 배려가 없었네. [240]

Hakim　Du musst dich nicht entschuldigen.

단어　die Zusage 승낙, 수락, 입학 허가　　leider 유감스럽게도, 아쉽게도　　sich[4] entschuldigen 사과하다, 용서를 구하다

28　어학원에서 하킴과 에밀리 2　　　　　　　　　　　　Unterhaltung28.mp3

Emily　Aber ich war auch in deiner Situation. Die nächste Chance kommt bestimmt. Halte durch!

Hakim　나 의욕이 전혀 없어. [256] Ich möchte am liebsten im Bett bleiben.

Emily　(혼자 생각하길) 얘가 굉장히 예민한 편이구나. [243] Komm, vielleicht bringt dich ein bisschen Shopping auf andere Gedanken.

단어　durchhalten 버티다

27

에밀리　오예! 나 다음 학기 입학 허가받았어!

하킴　잘 됐네. 나는 지원한 거 이번에도 안 됐어.

에밀리　**Sorry, das war unbedacht.** [240]

하킴　미안해 하지 마.

28

에밀리　나도 너랑 같은 상황이었어. 다음 기회가 분명히 올 거야. 버텨내야 해!

하킴　**Ich habe gar keine Motivation.** [256] 차라리 침대 속에만 파묻혀 있고 싶어.

에밀리　(*denkt für sich*) **Er ist ziemlich empfindlich.** [243]
가자, 쇼핑하다 보면 생각이 달라질지도 몰라.

29 쇼핑하는 하킴과 에밀리 1

Unterhaltung29.mp3

Emily Hey, wie findest du diesen Pullover?

Hakim 입고 다니면 남들이 더 부끄러울 듯. [253] Ich würde den anderen nehmen.

Emily Tut mir leid wegen vorhin. Ich wollte dich nicht unter Druck setzen.

Hakim Nein, ich war einfach empfindlich. 네가 잘 돼서 기뻐! [265]

30 쇼핑하는 하킴과 에밀리 2

Unterhaltung30.mp3

Emily Und wie findest du diese Socken?

Hakim Total süß. Aber sind die für dich nicht zu groß?

Emily Sie könnten zu dir gut passen.

Hakim Ja, aber ich sollte heute lieber nichts kaufen. 나 거지야. [267]

Emily (*rennt mit den Socken zur Kasse*) Die sind mein Geschenk für dich!

Hakim Ach du!

단어 die Kasse 계산대   das Geschenk 선물

29

에밀리　　야, 이거 맨투맨 어때?

하킴　　**Cringe.** [253] 나라면 다른 거 사겠다.

에밀리　　아까는 미안했어. 너를 압박하려던 건 아니었는데.

하킴　　아니야, 내가 예민했어. **Ich freue mich für dich!** [265]

30

에밀리　　그럼 이 양말은 어때?

하킴　　완전 귀엽네. 근데 그거 너한테 너무 크지 않아?

에밀리　　너한테 잘 맞겠다.

하킴　　응, 근데 나 오늘은 아무것도 안 사는 게 낫겠어. **Ich bin pleite.** [267]

에밀리　　(양말을 들고 계산대로 달려가며) 이거 너를 위한 내 선물이야!

하킴　　너 정말!

Kapitel 4

네이티브가
취미·관심·취향을
말할 때 쓰는
표현 100

Kapitel 4 전체 듣기

일과 삶의 균형을 중요하게 생각하는 독일인들에게 취미생활은 빼놓을 수 없는 삶의 한 부분입니다. 요즘 관심 있는 취미에 대해 함께 이야기하면 재미있겠죠? 그럴 때 쓸 수 있는 꿀표현들을 모아봤습니다.

01 해가 진 뒤엔 뭘 할까   02 가고 싶어, 하고 싶어   03 중독된 취미   04 취향 월드컵
05 라이프 스타일   06 잘 하는 것, 못 하는 것   07 카페인과 니코틴   08 운동과 건강
09 퇴근, 주말, 월요일   10 별자리와 동물 친구   11 먹는 게 제일 좋아   12 독일인이 사랑하는 취미
13 다양한 관심사   14 너한테 찰떡이야   15 슬기로운 취미생활   16 친하게 지내자   17 되녀 주문법
18 소비, 문화생활   19 호불호   20 취존합시다

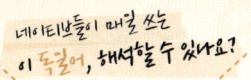

301~305.mp3

Sie ist eine Partylöwin.

파티에 나타난 암사자(Löwin) 같은 존재! 파티하는 거 좋아하고 잘 노는 파티퀸을 이렇게 불러요.
남성의 경우 "Er ist ein Partylöwe."라고 합니다.

Ich bin ein Partymuffel.

그냥 der Muffel이라고 하면 입이 댓 발 나와서는 둥해 있는 사람이 떠오르는데요.
그래서 Partymuffel은 파티에서 잘 어울리지 못하고 흥도 못 맞추는 사람을 뜻해요.

Feierst du deinen Geburtstag?

본인 생일을 크게 기념하느냐 안 하느냐는 사람에 따라 무척 다른 부분이죠.
(etw.⁴) feiern은 '파티하다, (~을) 기념하다'라는 동사예요.
덧붙여 feiern gehen이라고 하면 주로 클럽 등에 가는 것을 말합니다.

Wo gehst du feiern?

제가 사는 베를린엔 정말 다양한 음악과 스타일의 클럽이 많아요.
어느 클럽에 다니느냐에 따라 친구 그룹이 나뉘기도 하고요.
같은 문장을 "In welchen Club gehst du feiern?"이라고도 표현할 수 있겠네요.

Hier ist meine Lieblingskneipe.

명사에 Lieblings-를 붙이면 '가장 좋아하는~'이라는 의미가 돼요.
mein Lieblingsmensch(내가 제일 좋아하는 사람), unser Lieblingsort(우리가 가장 좋아하는 장소) 등등!

301

해가 진 뒤엔 뭘 할까 1

그녀는 파티퀸이야.

302

해가 진 뒤엔 뭘 할까 2

나는 파티에서 잘 못 놀아.

303

해가 진 뒤엔 뭘 할까 3

넌 생일에 파티해?

304

해가 진 뒤엔 뭘 할까 4

넌 클럽 어디로 가?

305

해가 진 뒤엔 뭘 할까 5

여기 내 최애 술집이야.

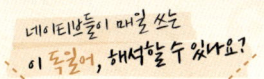

 306

Wollen wir ins Freiluftkino?

Wollen wir~ 문장은 '우리 ~할래?' 하고 캐주얼하게 제안할 때 씁니다.
Freiluft—는 open air. das Kino는 영화관이란 뜻이에요.
그냥 영화관에 가자고 할 때는 "Wollen wir ins Kino(gehen)."이라고 하면 됩니다.

 307

Ich will in die Therme.

die Therme는 보통 온천과 사우나가 합쳐진 종합 스파 시설을 말해요.
독일인들이 좋아하는 대표적인 힐링 장소 중 하나랍니다.

 308

Ich will an den See.

an den See fahren / gehen이라고 하면 '호숫가로 차 타고 가다 / 걸어 가다'라는 의미예요.
문장에 조동사 wollen이 올 경우 fahren / gehen 같이 뻔한 동사는 생략 가능합니다.

 309

Ich will Taekwondo lernen.

독일에서도 태권도는 꽤 잘 알려진 무술 중 하나예요. 이 문장을 가지고 "Ich will Klavier lernen
(피아노 배우고 싶어).", "Ich will tanzen lernen(춤 추는 거 배우고 싶어)." 등으로 활용해 보세요.

 310

Man lernt nie aus.

분리동사 auslernen은 뭔가를 끝까지 다 배운, 흔히 말하는 '하산해도 좋다'라는 것을 말해요.
여기서 man은 흔히 말하는 일반주어인데,

★ 영상에서 문법 설명 이어 갈게요.

306

가고 싶어, 하고 싶어 1

우리 야외 극장 갈래?

307

가고 싶어, 하고 싶어 2

온천 가고 싶다.

308

가고 싶어, 하고 싶어 3

나 호숫가에 가고 싶어.

309

가고 싶어, 하고 싶어 4

태권도 배우고 싶어.

310

가고 싶어, 하고 싶어 5

배움에는 끝이 없어.

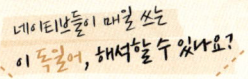

311

Binge-Watching

영어에서 그대로 넘어온 표현이에요. 넷플릭스 시리즈 등에 꽂혀서 하루아침에 전편을 다 봐 버리는 것을 뜻합니다.

312

Sie ist ein Bücherwurm.

책(Bücher) + 벌레(Wurm)라니, 한국어 단어와 똑같죠? 아주 살짝 놀리는 듯한 뉘앙스가 포함된 표현이라, "Sie liest gerne(그녀는 책 읽는 거 좋아해)." 정도로 순화해서 표현할 수 있어요.

313

Ich habe einen Ohrwurm!

귀(Ohr)에 벌레(Wurm)가 있다니 무슨 말이냐구요? 어떤 노래가 자꾸만 귀에 맴돌고 나도 모르게 흥얼거리게 될 때 이렇게 표현한답니다.

314

Ich bin süchtig danach.

nach etw.³ / jdm. süchtig sein이라고 하면 어떤 사람이나 대상을 좋아하다 못해 거의 중독 수준이라는 표현입니다. 예를 들면 "Ich bin süchtig nach Süßigkeiten(나 단 거 중독이야)." 이렇게요!

315

Er ist ein Kaffeejunkie.

der Junkie는 보통 약물중독자를 가리키는데, 약물이 아니라 다른 것을 중독 수준으로 좋아하는 경우에도 비유적으로 사용합니다.

311

드라마, 시리즈 등
한번에 몰아보기

312

한국어와 똑같은 표현
그녀는 책벌레야.

313

수능금지곡….
그 노래가 귀에 계속 맴돌아.

314

기호와 중독 사이 1
나 그거 중독이야.

315

기호와 중독 사이 2
걔 커피 중독이야.

316
Hunde oder Katzen?

풀어서 쓰면 "Magst du Hunde oder Katzen lieber?"라는 문장입니다.
여러분은 Team Hund(강아지파)인가요? Team Katze(고양이파)인가요?

317
Bier oder Wein?

술을 즐기는 독일인들은 크게 맥주파와 와인파로 나뉘는데요. 유명한 데이팅 앱의 가입 질문 중 하나일 정도로, 한 사람의 취향을 잘 나타내 주는 바로미터 같은 질문입니다.

318
Rot- oder Weißwein?

"나는 둘 다 좋아."라고 하려면 짧고 간단하게 "Beides!"라고 하면 된답니다.

319
Milch oder Hafermilch?

독일에서 오트밀크(귀리 우유)는 일반 우유 못지않게 대중적인데요.
채식주의자 및 유당불내증이 있는 사람들에게 수요가 높답니다.

320
Ketchup oder Mayo?

한국은 감자튀김에 무조건 케첩이지만, 독일은 마요네즈가 더 대세랍니다.
저도 사실은 마요네즈파예요. 감자튀김이랑 정말 잘 어울린다구요!

316

둘 다 좋으면?

개가 좋아, 고양이가 좋아?

317

저는 무조건 맥주요!

맥주가 좋아, 와인이 좋아?

318

아니면 로제?

레드와인, 아님 화이트와인?

319

동물성이냐 식물성이냐

우유, 아님 오트밀크?

320

감자튀김 먹을 때

케첩, 아님 마요네즈?

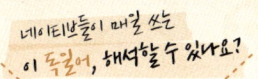

321~325.mp3

321
Sie ist eine Frühaufsteherin.

일찍(früh) 일어나는 사람(Aufsteherin), 즉 전설 속에 존재한다는(?) 아침형 인간을 말해요.
상대가 남성일 때엔 "Er ist ein Frühaufsteher."라고 합니다.

322
Ich bin aber eine Nachteule.

밤(Nacht) 올빼미(Eule)란 밤에 정신이 더 또렷해지고 일도 잘 되는(것 같다고 믿는) 사람을 말해요.
즉, 올빼미족이란 거죠!

323
Was ist dein Lockdown-Hobby?

몹쓸 역병으로 인한 봉쇄 조치(Lockdown)로 집콕 생활이 시작되면서, 저마다 새로운
취미(Hobby)를 만들어 나가고 있죠. 직역하면 "너의 락다운 취미는 뭐야?"입니다.

324
Ich bin eine Pflanzenmama.

캣맘 아니고 식물맘…! 식물 키우고 돌보는 걸 너무나 좋아하는 사람을 일컫는 말입니다.
남성에게는 Pflanzenpapa라고 하면 되겠죠?

325
Bist du vegan / vegetarisch?

문법적으로 200% 맞게 표현하려면 "Bist du Veganer:in / Vegetarier:in?"이라고 해야겠지만
구어체에서는 위 예문과 같이 더 많이 써요.

★ 엥? :in, 요거는 왜 붙대구요? 영상으로 알아봅시다!

321

라이프 스타일 1

그녀는 아침형 인간이야.

322

라이프 스타일 2

나는 올빼미족이야.

323

라이프 스타일 3

이 시국에 뭐하고 지내?

324

캣맘 아니구 식물맘

나는 식물맘이야.

325

점점 늘어나는 채식 인구

너 비건 / 채식주의자야?

망각방지장치 1

하루만 지나도 학습한 내용의 50%를 잊어 버립니다. 여러분은 얼마나 잊어 버렸을까요? 확인해 보고 알면 O, 모르면 ×에 표시하고 잊은 표현은 복습하세요.

01	맥주가 좋아, 와인이 좋아?	B_____ oder W_____?
02	온천 가고 싶다.	Ich will _____ die Therme.
03	나 호숫가에 가고 싶어.	Ich will _____ den See.
04	너 비건 / 채식주의자야?	Bist du _____ / _____isch?
05	걔 커피 중독이야.	Er ist ein Kaffee_____.
06	넌 생일에 파티해?	_____st du deinen Geburtstag?
07	넌 클럽 어디로 가?	Wo gehst du _____?
08	한번에 몰아보기	_____-Watching
09	레드와인, 아님 화이트와인?	_____- oder _____wein?
10	나는 식물맘이야.	Ich bin eine _____mama.
11	우유, 아님 오트밀크?	_____ oder Hafer_____?
12	나는 올빼미족이야.	Ich bin aber eine _____eule.
13	배움에는 끝이 없어.	Man lernt nie _____.
14	그 노래가 귀에 계속 맴돌아!	Ich habe einen _____wurm!

정답 01 ier / ein 02 in 03 an 04 vegan / vegetar 05 junkie 06 Feier 07 feiern 08 Binge
09 Rot / Weiß 10 Pflanzen 11 Milch / milch 12 Nacht 13 aus 14 Ohr

15	나는 파티에서 잘 못 놀아.	Ich bin ein Party _____.	302
16	케첩, 아님 마요네즈?	K_____ oder M_____?	320
17	그녀는 아침형 인간이야.	Sie ist eine _____aufsteherin.	321
18	그녀는 책벌레야.	Sie ist ein _____wurm.	312
19	우리 야외 극장 갈래?	Wollen wir ins Freiluft_____?	306
20	이 시국에 뭐하고 지내?	Was ist dein _____-Hobby?	323
21	그녀는 파티퀸이야.	Sie ist eine Party _____.	301
22	여기 내 최애 술집이야.	Hier ist meine _____kneipe.	305
23	태권도 배우고 싶어.	Ich will Taekwondo _____.	309
24	나 그기 중독이야.	Ich bin _____ da_____.	314
25	개가 좋아, 고양이가 좋아?	_____e oder _____n?	316

맞은 개수: 25개 중 _____ 개

그동안 _____%를 잊어 버리셨네요.
틀린 문장들은 다시 한번 꼭 보세요.

정답 15 muffel 16 etchup / ayo 17 Früh 18 Bücher 19 kino 20 Lockdown 21 löwin 22 Lieblings
23 lernen 24 süchtig / nach 25 Hund / Katze

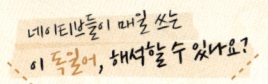

326~330.mp3

Er hat einen grünen Daumen.

einen grünen Daumen haben은 무척 잘 알려진 관용구로,
직역하면 "초록색 엄지 손가락을 갖고 있다", 의역하면 "식물을 잘 다룬다."라는 의미랍니다.

Er hat zwei linke Hände.

오른손잡이가 일반적인 세상에서, 왼손만 두 개를 가진 사람을 떠올려 보세요. 어지간히 손재주도 없고
손기술도 서툰 사람을 두고 "zwei linke Hände haben(왼손만 두 개다)."라고 한답니다.

Ich bin ein Sportmuffel.

앞에서 Partymuffel 이 뭔지 설명드렸죠? 이번에는 Sportmuffel입니다.
운동 신경이 너무 없어서 혼자 하는 운동도 잘 못하고, 팀 운동도 망쳐 버리는 사람을 이렇게 불러요.

Du hast ein Talent dafür!

das Talent는 '재능, 재주'라는 뜻이에요. 상대가 뭔가에 특출난 재능을 보일 때,
그것에(dafür) 재능이 있는 게 분명하다며 칭찬하는 표현입니다.

Sie ist sprachlich begabt.

begabt sein이라고 하면 '뭔가에 타고난'이라는 의미예요. sprachlich(언어적으로) 자리에
technisch(기술/기계적으로), handwerklich(손재주적으로) 등으로 대체 가능해요.

326
잘하는 것, 못하는 것 1
걔 식물 잘 키워.

327
잘하는 것, 못하는 것 2
걔는 손재주가 없어.

328
잘하는 것, 못하는 것 3
나는 운동치야.

329
잘하는 것, 못하는 것 4
너 그거에 재능 있다!

330
잘하는 것, 못하는 것 5
그녀는 언어에 재능이 있어.

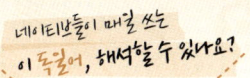

331~335.mp3

Wie trinkst du deinen Kaffee?

이 질문에 대한 답은 "Mit Zucker(설탕 넣어서).", "Mit Milch / Hafermilch(우유 / 오트밀크 넣어서).", "Einfach schwarz(그냥 블랙으로)." 등이 있겠네요.

Mit oder ohne Sahne?

mit은 영어의 with이고 ohne는 without에 해당하는 단어랍니다.
독일 스타벅스에서 처음 주문할 때 이 표현을 몰라서 당황했던 기억이…!

Ich bevorzuge Tee.

etw.⁴ / jdn. bevorzugen은 '~을 더 선호하다'라는 동사예요.
같은 의미를 좀 더 쉬운 단어로 풀어서 etw.⁴ / jdn. lieber mögen이라고 표현할 수도 있어요.

Rauchen ist tödlich.

독일에서 판매되는 담뱃갑에는 무시무시한 경고 그림과 함께 이 문구가 큼지막하게 써 있답니다.
원가가 tödlich하다는 건 죽음에 이르게 할 정도로 유해하다는 의미예요.

Was für ein Spaßverderber!

재미(Spaß)를 망치는 사람(Verderber), 즉 다른 사람들은 실컷 신이 나 있는데
꼭 찬물 끼얹는 말이나 행동을 해서 산통을 깨는 사람을 이렇게 불러요.

331

설탕, 크림 등이 필요한지 물을 때

커피 어떻게 마셔?

332

카페에서 주문할 때

휘핑크림 올려 드려요?

333

커피도 좋지만

나는 차를 더 선호해.

334

너네는 이런 거 하지 마라…

흡연은 치명적이야.

335

남 재밌는 꼴을 못 보는 사람

쟤 때문에 흥 다 깨지네!

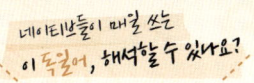

Ich kann nicht schwimmen.

독일인들이 수영장은 물론 호수나 바다에서도 수영을 무척 잘 한다는 점이 개인적으로 신선한 충격이었어요.
어릴 때부터 학교에서 수영하는 법과 자전거 타는 법을 배운다고 하네요.

Ich bin Rettungsschwimmer.

die Rettung은 '구조, 구명'이라는 뜻이에요. 독일 친구들과 물놀이 가서 앞의 문장을 말하면,
이렇게 말하며 안심시켜 주는 친구가 분명히 있을 거예요.

Machst du Sport?

종목 불문하고 '운동한다'라는 표현은 Sport machen / treiben이라고 하는데요.
구어체에서는 동사 machen을 좀 더 많이 씁니다. "너 운동해?"라는 이 질문은
너와 운동에 대해 이야기하고 싶다는 귀여운 의미를 담고 있어요.

Ich gehe später ins Fitnessstudio.

das Fitnessstudio(피트니스 스튜디오) 대신에 영어 외래어인 das Gym을 넣어도 좋아요.

Ich sollte mal abnehmen.

조동사 sollen의 접속법 2식 형태인 sollten은 '~ 해야 하는데(안 하고 있다)'라는 뉘앙스를 나타내요.
abnehmen(체중을 감량하다)의 반대말은 zunehmen(체중이 증가하다)입니다.
"Ich habe zugenommen...(나 살쪘어...)." 이렇게 말할 수 있겠죠?

336

한국 학교에서는 배운 적이 없어서…
나 수영 못해.

337

시험 통과하면 자격이 주어지는
나 인명 구조 수영 가능해.

338

운동과 건강 1
너 (어떤) 운동해?

339

운동과 건강 2
나 이따 헬스장 가.

340

운동과 건강 3
살을 좀 빼야 할 텐데.

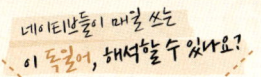

 341

Was machst du nach der Arbeit?

같은 의미를 "Was machst du nach dem Feierabend?"라고 표현할 수도 있어요.
퇴근 후의 여가 생활에 대해 묻는 질문입니다.

 342

Schaust du Fußball?

Fußball schauen이라고 하면 '축구를 보다'라는 표현입니다. 굳이 일반화하자면 독일 남성들이 다른 성별에 비해 축구에 열광하는 비율이 높으므로, 친해지고 싶은 독일 남자에게 하면 좋은 질문이겠어요.

 343

Endlich Wochenende!

endlich는 '드디어, 마침내'라는 의미의 부사예요. 비슷한 표현으로 "Hoch die Hände – Wochenende(두 손 들고 주말을 즐겨)!"도 있어요.

 344

Wollen wir am WE grillen?

WE는 Wochenende(주말)의 약자로, 특히 메신저로 문자를 주고받을 때 이렇게 줄여서 많이 써요. grillen은 야외(드물게 실내)에서 바비큐하는 것을 가리킵니다.

345

Schon wieder Montag ….

schon wieder가 들어가면 '뭔가 딱히 내키지도 않는데 어느새 다시….'라는 느낌의 문장이 된답니다.

네이티브들이 매일 쓰는 이 말, 독일어로 말할 수 있나요?

341

나는 아무것도 안해
퇴근하고 나서는 뭐해?

342

독일 남자사람과 친해지는 마법의 질문
너 축구 봐?

343

오오 신이시여
드디어 주말이다!

344

독일 여름의 단골 액티비티
주말에 고기 구워 먹을까?

345

오오 신이시여 ㅠㅠ
벌써 월요일이라니….

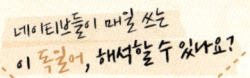

346~350.mp3

346
Welches Sternzeichen bist du?

das Sternzeichen은 게자리, 황소자리처럼 각각의 별자리를, das Horoskop은 별자리 운세를 말해요. 진지하기보다는 재미 삼아 보는 사람이 더 많답니다.

347

Ich bin Wassermann.

다른 별자리들은 독일어로 뭐라고 부를까요?
★ 영상에서 함께 알아봐요!

348
Mein Hamster ist entlaufen.

독일 길거리에서는 반려동물이 vermisst(실종)되거나 가출(entlaufen)해서 찾고 있다는 전단지가 심심치 않게 보여요. 집 나간 햄찌, 꼭 찾길 바랍니다!

349
Katzen haaren mehr als Hunde.

haaren은 '동물의 털이 빠지다'라는 동사예요. 'A mehr als B'는 'B보다 A가 더 ~하다'라는 비교급 문장 구조입니다. 그런데 고양이가 정말로 털이 더 많이 빠지나요?

350
Ich habe eine Katzenallergie.

열, 두통 등 병명에 대해서는 보통 관사(eine, die 등)를 안 쓰는데, 알러지(Allergie)는 거의 유일한 예외예요. 보다 정확히 표현하려면 eine Katzenhaarallergie(고양이 털 알러지)라고 해도 됩니다.

346

독일에선 MBTI보다 별자리 1

너 별자리 뭐야?

347

독일에선 MBTI보다 별자리 2

나는 물병자리야.

348

동물 친구들 1

햄스터가 집을 나갔어.

349

동물 친구들 2

고양이가 개보다 털이 더 빠져.

350

동물 친구들 3

나 고양이 알러지 있어.

망각방지 장치 1

하루만 지나도 학습한 내용의 50%를 잊어 버립니다. 여러분은 얼마나 잊어 버렸을까요? 확인해 보고 알면 O, 모르면 ×에 표시하고 잊은 표현은 복습하세요.

01 너 축구 봐?   _____st du Fuß_____?

02 걔 식물 잘 키워.   Er hat einen _____ Daumen.

03 흡연은 치명적이야.   Rauchen ist _____.

04 드디어 주말이다!   _____lich Wochen_____!

05 나 고양이 알러지 있어.   Ich habe eine Katzen_____.

06 주말에 고기 구워 먹을까?   Wollen wir _____ WE grillen?

07 그녀는 언어에 재능이 있어.   Sie ist _____lich be_____.

08 걔는 손재주가 없어.   Er hat zwei _____ Hände.

09 벌써 월요일이라니….   _____ wieder Montag….

10 고양이가 개보다 털이 더 빠져.   Katzen _____ mehr _____ Hunde.

11 살을 좀 빼야 할 텐데.   Ich _____te mal _____nehmen.

12 너 별자리 뭐야?   _____es _____zeichen bist du?

13 쟤 때문에 흥 다 깨지네!   Was _____ ein _____verderber!

14 나는 운동치야.   Ich bin ein Sport_____.

정답   01 Schau / ball   02 grünen   03 tödlich   04 End / ende   05 allergie   06 am   07 sprach / gabt   08 linke   09 Schon   10 haaren / als   11 soll / ab   12 Welch / Stern   13 für / Spaß   14 muffel

15	나 수영 못해.	Ich kann nicht _____.	336
16	나는 물병자리야.	Ich bin _____mann.	347
17	너 그거에 재능 있다!	Du hast ein _____ da _____!	329
18	너 (어떤) 운동해?	Machst du _____?	338
19	커피 어떻게 마셔?	_____ trinkst du deinen _____?	331
20	나 인명 구조 수영 가능해.	Ich bin Rettungs_____.	337
21	햄스터가 집을 나갔어.	Mein Hamster ist _____ laufen.	348
22	휘핑크림 올려 드려요?	_____ oder _____ Sahne?	332
23	퇴근하고 나서는 뭐해?	_____ machst du _____ der Arbeit?	341
24	나는 차를 더 선호해.	Ich _____ zuge Tee.	333
25	나 이따 헬스장 가.	Ich gehe später _____s _____studio.	339

맞은 개수: **25개 중** _____ 개

그동안 _____%를 잊어 버리셨네요.
틀린 문장들은 다시 한번 꼭 보세요.

정답 15 schwimmen 16 Wasser 17 Talent / für 18 Sport 19 Wie / Kaffee 20 schwimmer
21 ent 22 Mit / ohne 23 Was / nach 24 bevor 25 in / Fitness

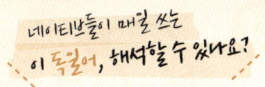

351~355.mp3

Kochst du gerne?

여기에 대한 대답으로는 "Ja, ich koche gerne selber(응, 나 직접 요리하는 거 좋아해).",
또는 "Nö, ich esse lieber auswärts(아니, 난 차라리 외식이 좋아)." 정도가 있겠네요.

Kochen wir zusammen!

(mit jdm.) zusammenkochen이라고 하면 '(~와 함께) 요리하다'라는 의미예요. 대다수의 젊은이들이
자취를 하는 독일에서는 친구끼리, 연인끼리 함께 요리하는 게 중요한 액티비티 중 하나랍니다.

Wollen wir Essen bestellen?

Wollen wir~ 문장은 "우리 ~할까?"라는 뜻의 제안하는 표현이라고 설명했죠?
'Essen bestellen'은 '음식을 배달시키다'라는 뜻이고요, 독일에서 유명한 배달앱은 Lieferando가 있어요.

Was ist dein Lieblingsessen?

"좋아하는 음료가 뭐야?"라고 하려면 "Was ist dein Lieblingsdrink?"라고 하면 돼요.
그럼 "Was ist dein Lieblingsbier?"는 무슨 뜻일까요?

Lust auf Dessert?

「Lust auf etw.?」 문장은 "~ 어때?"라는 의미예요. Dessert 자리에 ein Bier(맥주), ein Eis(아이스크림)
등으로 대체 가능하겠죠. 아니 근데, 왜 어떤 건 관사가 들어가고 어떤 건 안 들어가냐구요?

★ 요것도 영상 참고!

351

먹는 게 제일 좋아 1
요리하는 거 좋아해?

352

먹는 게 제일 좋아 2
같이 요리해 먹자!

353

먹는 게 제일 좋아 3
우리 배달시켜 먹을까?

354

먹는 게 제일 좋아 4
좋아하는 음식이 뭐야?

355

먹는 게 제일 좋아 5
디저트 먹을래?

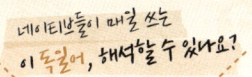

356
Wollen wir bouldern gehen?

bouldern은 실내에서 인공 암벽을 타는 것을 말해요. 자연 속에서 하는 암벽 등반은 klettern이라고 합니다.
bouldern 자리에 spazieren(산책하다) 등 다른 액티비티를 넣어 활용해 보세요.

357
Bock auf 'ne Runde Tischtennis?

'ne는 eine의 축약형이에요. 말할 때도 이렇게 짧게 줄여 말하는 경우가 많답니다.
독일에는 놀이터나 공원 등에 탁구대가 거의 필수적으로 있어서 동네 주민들이 자주 이용한답니다.

358
Ich stricke einen Schal.

etw.⁴ stricken은 '~을 뜨개질하다'라는 동사예요. 코바늘로 뜨는 건 häkeln이라고 한답니다.
독일에서는 남녀노소 불문하고 대중적인 취미예요.

359
Ich muss mal Sonne tanken.

여름 한때를 제외하고 독일에서는 해(Sonne) 보기가 정말 힘들어요.
그래서 잠깐이라도 해가 나면 그때그때 햇볕을 충전(tanken)하곤 한답니다.

360
Lass uns bummeln gehen.

Lass uns~는 Wollen wir~와 마찬가지로 "우리 ~ 할까? / 하자!"라고 제안하는 표현이에요.
bummeln은 이리저리 구경하면서 돌아다니는 것을 말해요.

356

독일인이 사랑하는 취미 1

실내 암벽 등반 하러 갈래?

357

독일인이 사랑하는 취미 2

탁구 한 판 어때?

358

인기 있는 겨울 취미

나 목도리 뜨고 있어.

359

햇볕이 귀한 독일

광합성 좀 해야겠어.

360

도착할 곳이 없어도 좋아

우리 여기저기 돌아다니자.

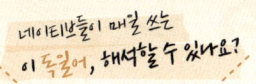

Ich bin politisch interessiert.

이 문장을 응용해서 "Ich bin politisch links(나는 정치적으로 좌파 쪽이야).",
"Ich bin politisch rechts(나는 정치적으로 우파 쪽이야)."라고도 표현할 수 있어요.

Bist du religiös?

종교 관련 질문은 극도로 조심하는 게 좋지만, 상황과 맥락에 따라 허락되는 경우가 있어요.
"Hast du einen Glauben(너 신앙 있어)?"라고도 물어볼 수 있습니다.

Was zockst du so?

zocken은 Computerspiele spielen(컴퓨터 게임을 하다)를 보다 구어체적으로 표현한 단어예요.
물론 컴퓨터 게임뿐 아니라 핸드폰 게임, 콘솔 게임 등도 zocken한다고 표현합니다.

Faulenzen ist mein Hobby.

최고의 취미! 칭찬합니다(짝짝). 동사 faulenzen은 '게으름 피우다, 빈둥대다'라는 의미예요.
schreiben(글쓰기), joggen(조깅하기) 등 다른 동사를 넣어서 활용해 보세요.

Mein Sohn ist Bauchschläfer.

배(Bauch) 깔고 엎드려 자는 사람(Schläfer)을 Bauchschläfer라고 불러요.
옆으로 누워 자는 사람은 der Seitenschläfer라고 한답니다.

361

다양한 관심사 1

나는 정치에 관심이 많아.

362

다양한 관심사 2

너 종교 있어?

363

다양한 관심사 3

너 게임 뭐 해?

364

어, 나돈데!

빈둥대는 게 내 취미야.

365

여러분의 수면 자세는?

우리 아들은 엎드려서 자.

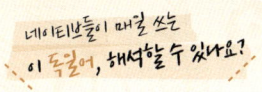

366~370.mp3

Coole Socken!

독일에서 외모에 대한 언급은 칭찬이든 비판이든 삼가는 게 좋아요.
하지만 옷이나 액세서리 등에 관해서는 가볍게 지나가듯이 칭찬해 주면 친구 사귀는 데 도움이 될 거예요!

Ein tolles Outfit!

das Outfit은 '의상, 착장'을 뜻해요. tolles 대신 schönes(예쁜), schickes(멋진) 등으로 활용 가능하겠죠?

Du siehst schick aus!

형용사+aussehen라고 하면 '형용사하게 보이다'라는 의미예요.
schick라고 하니까 우리말의 '시크하다'를 떠올리게 되죠? 의미도 비슷하답니다.

Die Farbe steht dir.

jdm. stehen이란 '(옷, 스타일 등이) ~에게 잘 어울리다'라는 뜻이에요. "Das T-Shirt steht dir (그 티셔츠 잘 어울려).", "Die Haarfarbe steht dir(그 머리색 잘 어울려)." 등으로 활용해 보세요.

Pink ist nicht meine Farbe.

반대로 "그거 딱 내 색이야."라고 하려면 "Das ist genau meine Farbe."라고 하면 돼요.
독일에서도 웜톤 / 쿨톤을 따질까요?

★ 영상으로 알아봅시다!

366

외모보다는 옷을 칭찬하자! 1
양말 이쁘네!

367

외모보다는 옷을 칭찬하자! 2
의상 멋지다!

368

외모보다는 옷을 칭찬하자! 3
오늘 멋지게 입었네!

369

너한테 찰떡이네!
그 색 너한테 잘 어울린다.

370

톤그로 너무 심한데?
핑크는 나한테 안 받아.

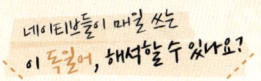

371
Ich spiele gerne Gitarre.
Gitarre(기타) 자리에 다른 악기 이름도 넣어 보세요.
Klavier(피아노), Geige(바이올린), Ukulele(우쿨렐레), Flöte(플루트) 등등!

372
Sie sammelt Bierdeckel.
수집도 하나의 소중한 취미랍니다. 맥주잔 밑에 까는 받침을 독일어로는 der Bierdeckel이라고 하는데요. 이게 워낙 디자인이 다양하다 보니 이걸 전문적으로 수집하는 사람들도 있다는 거!

373
Ich gehe gern wandern.
wandern gehen은 '하이킹 하러 가다'라는 의미예요. 독일인들은 특히 숲속에서 하이킹하는 것을 좋아하는데요. durch den Wald wandern이라고 하면 '숲속을 하이킹하다'라는 표현입니다.

374
Ich male und bastle gerne.
malen은 '그림 그리다', basteln은 '손으로 만들다'라는 동사입니다.
둘 다 손재주의 영역이기 때문에 함께 등장하는 경우가 많아요.

375
Ich bin Hobby-Youtuberin.
직업 이름 앞에 Hobby-가 붙으면 프로는 아니지만 취미로, 열정적으로 하는 일을 뜻해요. 예컨대 Hobby-Fotograf(취미 사진가), Hobby-Gärtner(취미 정원사)처럼요.

371 슬기로운 취미생활 1
나는 기타 치는 거 좋아해.

372 슬기로운 취미생활 2
걔는 맥주 코스터 수집해.

373 슬기로운 취미생활 3
나 하이킹 가는 거 좋아해.

374 슬기로운 취미생활 4
나 그림 그리고 뭐 만드는 거 좋아해.

375 슬기로운 취미생활 5
나는 취미로 유튜브 해.

망각방지 장치 1

하루만 지나도 학습한 내용의 50%를 잊어 버립니다. 여러분은 얼마나 잊어 버렸을까요? 확인해 보고 알면 O, 모르면 ×에 표시하고 잊은 표현은 복습하세요.

01 나 목도리 뜨고 있어. Ich _____ einen Schal.
02 요리하는 거 좋아해? _____ st du _____ ?
03 같이 요리해 먹자! _____ wir zusammen!
04 나는 취미로 유튜브 해. Ich bin _____ -Youtuberin.
05 광합성 좀 해야겠어. Ich muss mal Sonne _____ .
06 오늘 멋지게 입었네! Du _____ st schick _____ !
07 우리 배달시켜 먹을까? _____ wir Essen be _____ ?
08 우리 여기저기 돌아다니자. _____ uns _____ gehen.
09 걔는 맥주 코스터 수집해. Sie _____ Bier _____ .
10 나는 기타 치는 거 좋아해. Ich _____ gerne _____ .
11 나는 정치에 관심이 많아. Ich bin politisch _____ .
12 나 그림 그리고 뭐 만드는 거 좋아해. Ich _____ und _____ gerne.
13 빈둥대는 게 내 취미야. _____ enzen ist mein _____ .
14 디저트 먹을래? Lust _____ Dessert?

정답 01 stricke 02 Koch / gerne 03 Kochen 04 Hobby 05 tanken 06 sieh / aus
07 Wollen / stellen 08 Lass / bummeln 09 sammelt / deckel 10 spiele / Gitarre
11 interessiert 12 male / bastle 13 Faul / Hobby 14 auf

15	탁구 한 판 어때?	Bock _____ 'ne Runde _____ tennis?	357
16	좋아하는 음식이 뭐야?	Was ist dein _____ essen?	354
17	실내 암벽 등반 하러 갈래?	_____ wir bouldern _____?	356
18	너 종교 있어?	Bist du _____?	362
19	의상 멋지다!	Ein _____ es _____!	367
20	핑크는 나한테 안 받아.	Pink ist _____ Farbe.	370
21	너 게임 뭐 해?	Was _____ st du so?	363
22	우리 아들은 엎드려서 자.	Mein Sohn ist _____ schläfer.	365
23	양말 이쁘네!	Coole _____!	366
24	그 색 너한테 잘 어울린다.	Die Farbe steht _____.	369
25	나 하이킹 가는 거 좋아해.	Ich _____ gerne _____.	373

맞은 개수: 25개 중 _____ 개
그동안 _____%를 잊어 버리셨네요.
틀린 문장들은 다시 한번 꼭 보세요.

정답 15 auf / Tisch 16 Lieblings 17 Wollen / gehen 18 religiös 19 toll / Outfit 20 nicht meine
21 zock 22 Bauch 23 Socken 24 dir 25 gehe / wandern

376
Hast du Instagram?

"Hast du ein Instagram-Konto(너 인스타 계정 있어)?"
이런 식으로 복잡하게 표현할 필요 없이 그냥 이렇게만 말해도 의미가 통해요.

377
Kennst du dieses Meme?

das Meme은 영어에서 넘어온 외래어로, 우리말의 '짤방'과 완벽히는 아니지만 꽤 비슷합니다.
발음은 '미임'에 가까워요.

378
Er kann gut reden.

'달변이다'라는 걸 아주 고급스럽고 지적이게 표현하려면 형용사 eloquent을 사용하면 됩니다.
"Er ist sehr eloquent." 이런 식으로요!

379
Bierchen?

맥주라고 하면 그냥 das Bier만 알고 계셨나요? -chen을 붙여서 이렇게 귀엽게 표현할 수도 있답니다.
막 퍼마시는 거 말고, 가볍게 한 잔 정도 하자는 의미로 이렇게 표현해요.

380
Diese Runde geht auf mich.

독일에는 선불제 맥줏집이 많아서 가능한 표현이에요. 한 차례(Runde) 주문하면서 "이번 건 내가 낼게."라는
의미로 이렇게 말합니다. auf jdn. gehen이라고 하면 '~가 계산하다'라는 뜻이에요.

네티즌들이 매일 쓰는
이 말, 우리말로 말할 수 있나요?

376

맞팔하자
너 인스타 해?

377

재밌는 건 같이 보자
너 이 짤방 알아?

378

유튜버 하면 잘할 듯
그는 말을 참 잘 해.

379

기승전맥주 1
맥주 한잔?

380

기승전맥주 2
이번 잔은 내가 쏠게.

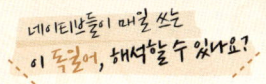

Alles?

되너 집에서 막힘없이 주문할 수 있을 때 당신은 비로소 독일어 마스터가 됩니다.
터키(혹은 아랍권 다른 국가) 점원이 이렇게 물어오면, 되너에 모든(alles) 야채를 다 넣겠냐는 의미랍니다.

Ohne Zwiebel, bitte.

낮에 되너를 사 먹을 땐 양파(Zwiebel)를 빼고(ohne) 주문하는 경우가 많아요.
하루종일 생양파 냄새를 풍기고 싶지 않기 때문이겠죠.

(Welche) Soße?

되너를 자주 사 먹으며 느낀 교훈은, 독일어 문법을 너무 완벽하게 하려고 스트레스 받을 필요 없다는 거예요.
간략하면서도 의미가 통하면 그걸로 된 거 아닐까, 생각하게 만드는!

Scharf und Kräuter.

되너 집에는 주로 세 가지 소스가 있어요. scharfe Soße(매운 소스), Knoblauchsoße(마늘 소스) und Kräutersoße(허브 소스). 두 개를 섞어 달라 해도 좋고, 셋 다 넣어 달라 해도 좋아요.
"Alle drei, bitte(세 개 다 넣어 주세요)."

Mit oder ohne Kohlensäure?

우리는 '마시는 물'이라고 하면 무조건 생수를 떠올리지만,
독일에서는 탄산수(Wasser mit Kohlensäure / Sprudelwasser)라는 옵션이 하나 더 있답니다.
사람에 따라 취향이 극명하게 갈리는 부분이기 때문에 이렇게 꼭 물어 봐요.

381

되너 주문법 1
(야채) 다 넣어 드려요?

382

되너 주문법 2
양파는 빼고 주세요.

383

되너 주문법 3
소스는 (뭘로 드려요)?

384

되너 주문법 4
매운 거랑 허브 소스요.

385

마시는 물에서도 느껴지는 문화 차이
탄산 있는 물, 없는 물?

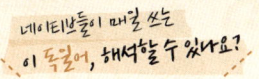

386~390.mp3

verkaufsoffener Sonntag

독일은 일요일에 마트를 비롯한 거의 모든 상점들이 문을 닫아요. 예외적으로 일 년에 몇 번 정도 (연방주마다 규칙이 달라요) 일요일에도 문을 여는데, 이걸 가리키는 표현입니다.

Ich schicke dir 'ne Postkarte!

'ne는 eine의 축약형입니다. 독일에서는 아직도 여행지에 가서 엽서(Postkarte)를 보내는 문화가 남아 있어요. 굉장히 낭만적이죠?

Wir backen Plätzchen.

das Plätzchen은 특히 크리스마스에 많이 구워 먹는, 얇고 버터가 많이 들어간 쿠키예요. 우리가 11월에 김장을 하듯이 독일에서는 12월이 되면 곳곳에서 Plätzchen을 굽는답니다.

Der neue Film soll gut sein.

여기서 조동사 sollen은 '~하다더라' 하고 어디서 들은 얘기를 전달하는 역할을 합니다. 새로 개봉한 영화는 물론 새로 문 연 레스토랑 등에도 얼마든지 활용할 수 있는 표현이에요.

Der Film war so lala.

so lala는 영어의 so so에 해당해요. 즉, 좋지도 나쁘지도 않고 그냥저냥 '쏘쏘'라는 얘기죠.

386

일 년에 몇 번 있을까 말까

가게 문 여는 일요일

387

여행 가면서 하는 말

엽서 보낼게!

388

설탕 듬뿍, 버터 듬뿍

우리 (크리스마스) 쿠키 구워.

389

문화생활 1

새로 나온 영화 재밌다던데.

390

문화생활 2

그 영화 딱 그만그만하던 걸.

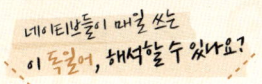

391
Das ist mein Ding.

반대로 "내 취향 아니네."라고 하려면 "Das ist nicht mein Ding."이라고 하면 되겠죠?
같은 의미의 비슷한 표현으로 "Das ist mein Bier."도 있답니다.

392
Gefällt mir (nicht)!

주어 빼고 그냥 심플하게 이렇게만 말해도 충분히 좋은 표현입니다.
독일어판 유튜브 / 인스타그램에서는 좋아요를 Gefällt mir라고 해요.

393
Ziemlich mainstreamig / Mainstream.

mainstreamig는 영어의 mainstream을 그대로 들여와서 형용사화한 것인데요.
구어체에서는 명사 der Mainstream을 그냥 형용사처럼 구분 없이 쓰기도 한답니다.

394
Zu kitschig.

한국에서도 '키치하다'라는 외래어를 왕왕 쓰죠? kitschig 하면 촌스럽고 유치한 B급 감성을 나타내는데,
반드시 부정적인 의미는 아니지만 여기서는 좀 지나친(zu) 느낌이네요.

395
Das ist etwas für Scharfesser.

der Scharfesser라고 하면 문자 그대로 맵게(scharf) 먹는 사람(Esser)을 뜻해요.
'매운 거 잘 먹는 사람들은 좋아하겠지만 나는 좀…'이라는 고도의 의사 표현이 들어간 문장이에요.

391 호불호 1

그거 내 취향이네.

392 호불호 2

마음에 (안) 들어!

393 호불호 3

되게 대중적이네.

394 호불호 4

너무 유치해.

395 호불호 5

매운 거 잘 먹는 사람들이 좋아하겠네.

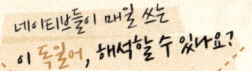

396
Er hat einen guten Geschmack.

좋은 취향과 나쁜 취향을 나누는 것은 대개 무용하지만, 유난히 향기롭고 근사한 취향을 가진 사람이 있죠.
einen guten Geschmack haben은 그런 사람에게 쓰는 표현이랍니다.

397
Ich mag Möbel aus Massivholz.

합판이나 자투리 나무 말고 진짜 통으로(massiv) 된 나무(Holz)는 정말 매력 있죠!
전치사 aus는 여기서 '~을 재료로, ~으로 만든'이라는 의미예요.

398
Schmeckt interessant!

동사 schmecken은 형용사와 함께 써서 '~한 맛이다'라고 표현해요. 독일어에서 뭔가가
흥미로운(interessant) 맛이라는 건 절대 칭찬이 아니라, 내 입맛에 안 맞는다는 걸 돌려서 말하는 거랍니다.

399
Das ist ein No-Go für mich.

자신이 선호하는 것이나 원칙과 어긋나 절대로 멀리하고 싶을 때, 그 대상을 가리켜 das No-Go라고 해요.

400
Das ist reine Geschmacksache.

이 챕터의 결론을 이 문장으로 낼 수 있겠어요. 무엇이 됐든, 그건 순수하게(rein) 취향(Geschmack)
문제(Sache)지 옳고 그름의 문제가 아니라는 거!

396

취향에 귀천은 없다지만
그는 안목이 좋아.

397

비싼 값을 한다니까
나는 원목 가구 좋아해.

398

맛없다는 뜻이쥬?
재밌는 맛이네!

399

댓츠 노노!
그거 나한테는 절대 아니야.

400

취향이니까 존중합시다
그건 순전히 취향 문제지.

망각방지장치 1

하루만 지나도 학습한 내용의 50%를 잊어 버립니다. 여러분은 얼마나 잊어 버렸을까요? 확인해 보고 알면 O, 모르면 ×에 표시하고 잊은 표현은 복습하세요.

01 그건 순전히 취향 문제지. Das ist ___ Geschmack ___.

02 이번 잔은 내가 쏠게. Diese ___ geht ___ mich.

03 그거 내 취향이네. Das ist mein ___.

04 엽서 보낼게! Ich ___ dir 'ne ___ karte!

05 그는 말을 참 잘 해. Er ___ gut ___.

06 (야채) 다 넣어 드려요? ___ ?

07 양파는 빼고 주세요. ___ Zwiebel, bitte.

08 소스는 (뭘로 드려요)? (___) Soße?

09 매운 거랑 허브 소스요. ___ und Kräuter.

10 재밌는 맛이네! ___ interessant!

11 너 이 짤방 알아? ___ st du dieses ___ ?

12 가게 문 여는 일요일. ___ offener Sonntag.

13 매운 거 잘 먹는 사람들이 좋아하겠네. Das ist etwas für ___ esser.

14 그 영화 딱 그만그만하던 걸. Der Film war ___.

정답 01 reine / sache 02 Runde / auf 03 Ding 04 schicke / Post 05 kann / reden 06 Alles 07 Ohne 08 Welche 09 Scharf 10 Schmeckt 11 Kenn / Meme 12 verkaufs 13 Scharf 14 so / lala

15	너무 유치해.	Zu _____ig.	394
16	되게 대중적이네.	Ziemlich _____ig / _____.	393
17	나는 원목 가구 좋아해.	Ich mag Möbel _____ Massiv_____.	397
18	너 인스타 해?	_____ du Instagram?	376
19	우리 (크리스마스) 쿠키 구워.	Wir _____ Plätzchen.	388
20	그는 안목이 좋아.	Er hat einen _____en Ge_____.	396
21	맥주 한잔?	Bier _____?	379
22	탄산 있는 물, 없는 물?	_____ oder _____ Kohlen_____?	385
23	새로 나온 영화 재밌다던데.	Der neue Film _____ gut _____.	389
24	마음에 (안) 들어!	_____ mir (nicht)!	392
25	그거 나한테는 절대 아니야.	Das ist ein _____-_____ für mich.	399

맞은 개수: 25개 중 _____개

그동안 ____%를 잊어 버리셨네요.
틀린 문장들은 다시 한번 꼭 보세요.

정답 15 kitsch 16 mainstream / Mainstream 17 aus / holz 18 Hast 19 backen 20 gut / schmack
21 chen 22 Mit / ohne / säure 23 soll / sein 24 Gefällt 25 No / Go

망각방지 장치 2

일주일이 지나면 학습한 내용의 70%를 잊어 버립니다. 여러분은 얼마나 잊어 버렸을까요? 대화문으로 확인해 보고 잊은 표현은 복습해 보세요.

31 카페에서 만난 피아, 하킴, 에밀리

Unterhaltung31.mp3

Emily   넌 커피 어떻게 마셔? [331] 우유, 아님 오트밀크? [319]

Hakim   Für mich nur Zucker, bitte.

Pia   나는 차를 더 선호해. [333]

Hakim   Wow, ich könnte ohne Kaffee nicht leben!

Emily   (zu Pia) 얘는 커피 중독이라니까. [315] (alle lachen)

32 독일인 친구 집에 초대받은 에밀리

Unterhaltung32.mp3

Hakim   의상 멋지다, [367] Pia. Vielleicht noch einen grünen Schal dazu tragen?

Emily   Ja! 그 색 너한테 잘 어울려. [369]

Pia   너 인스타 해? [376]

Hakim   Klar, ich adde dich gern.

단어   der Schal 목도리   tragen (옷, 액세서리 등을) 입다, 걸치다   adden 추가하다

31

에밀리	**Wie trinkst du deinen Kaffee?** [331] **Milch- oder Hafermilch?** [319]
하킴	나는 설탕만 줘.
피아	**Ich bevorzuge Tee.** [333]
하킴	와, 나는 커피 없으면 못 살아!
에밀리	(피아에게) **Er ist ein Kaffeejunkie.** [315] (일동 웃음)

32

하킴	**Ein tolles Outfit,** [367] 피아. 거기에 초록색 목도리도 한번 둘러 보면 어때?
에밀리	그래! **Die Farbe steht dir.** [369]
피아	**Hast du Instagram?** [376]
하킴	그럼, 내가 너 추가할게.

33 | 친해지는 하킴과 피아

Unterhaltung33.mp3

Emily Es wird morgen so schönes Wetter. 나 호숫가에 가고 싶어! ³⁰⁸

Hakim 나 수영 못해. ³³⁶

Pia 나 인명 구조 수영 가능해. ³³⁷ Ich kann es dir beibringen.

Hakim Uuuh! 배움에는 끝이 없다니까. ³¹⁰

단어 jdm. etw.⁴ beibringen ~에게 ~를 가르쳐 주다

34 | 금요일, 호숫가에서 1

Unterhaltung34.mp3

Hakim 드디어 주말이다! ³⁴³

Pia 탁구 한 판 어때? ³⁵⁷

Hakim Später vielleicht. 나 광합성 좀 해야겠어. ³⁵⁹

Emily Ich bleib auch liegen. 빈둥대는 게 내 취미거든! ³⁶⁴

33

에밀리	내일 날씨가 그렇게 좋대. Ich will an den See! [308]
하킴	Ich kann nicht schwimmen. [336]
피아	Ich bin Rettungsschwimmerin. [337] 내가 수영 가르쳐 줄게.
하킴	어머머! Man lernt nie aus. [310]

34

하킴	Endlich Wochenende! [343]
피아	Bock auf'ne Runde Tischtennis? [357]
하킴	조금 이따가. Ich muss erst mal Sonne tanken. [359]
에밀리	나도 누워 있을래. Faulenzen ist mein Hobby! [364]

35 금요일, 호숫가에서 2

Unterhaltung35.mp3

Emily Ich hatte gestern ein Date mit Daniel. Wir haben den Film "Minari" geschaut.

Pia 걔가 안목이 좋네! [396]

Hakim Versteht er Koreanisch?

Emily Nein, aber ich glaube, er könnte es ziemlich schnell lernen. 걔가 언어에 재능이 있거든. [330]

36 금요일, 호숫가에서 3

Unterhaltung36.mp3

Pia Was hast du heute noch vor?

Emily 나 이따 헬스장 가. [339]

Hakim Cool! Ich will mich auch anmelden. 살을 좀 빼야 할 텐데. [340]

Emily 너는 어떤 운동 해, [338] Pia?

Pia 나는 운동치야. [328]

35

에밀리   나 어제 다니엘이랑 데이트했지. 우리 영화 "미나리" 봤어.

피아   **Er hat einen guten Geschmack!** [396]

하킴   걔 한국말 알아들어?

에밀리   아니, 근데 걔 한국어 엄청 빨리 배울 수 있을 것 같아.
           Er ist sprachlich begabt. [330]

36

피아   오늘 이제 뭐 할 거야?

에밀리   **Ich gehe später ins Fitnessstudio.** [339]

하킴   좋은데! 나도 등록하고 싶어. **Ich sollte mal abnehmen.** [340]

에밀리   **Machst du Sport,** [338] 피아?

피아   **Ich bin ein Sportmuffel.** [328]

37 다음날, 되너 먹으러 온 네 사람

Unterhaltung37.mp3

Verkäufer	야채 다 넣어요? [381]
Emily	Für mich 양파는 빼고 주세요. [382]
Daniel	Für mich auch 양파는 빼고 주세요. [382]
Verkäufer	소스는요? [383]
Pia	매운 거랑 허브 소스요. [384]
Hakim	Alle drei, bitte.

38 다 함께 식사 중

Unterhaltung38.mp3

Pia	Was sind deine Hobbies?
Danie	나는 기타 치는 거 좋아해. [371]
Hakim	요리하는 건 좋아해? [351]
Daniel	Ja, wenn ich die Zeit dafür habe.
Pia	너 별자리는 뭐야? [346]
Daniel	나는 물병자리야. [347]

37

점원	Alles? [381]
에밀리	저는 ohne Zwiebeln, bitte. [382]
다니엘	저도 ohne Zwiebeln, bitte. [382]
점원	Welche Soße? [383]
피아	Scharf und Kräuter. [384]
하킴	소스 세 개 다 넣어 주세요.

38

피아	너 취미가 뭐야?
다니엘	Ich spiele gern Gitarre. [371]
하킴	Kochst du gern? [351]
다니엘	응, 요리할 시간만 있으면 뭐.
피아	Welches Sternzeichen bist du? [346]
다니엘	Ich bin Wassermann. [347]

39 식사 후에

Unterhaltung39.mp3

Emily   Hm, jemand Lust auf ein 맥주 한잔? [379]

Hakim   Du weißt, wie man Spaß haben kann.

Pia   (*zeigt um die Ecke*) Übrigens, 여기 내 최애 술집이야. [305]

Daniel   Cool, dann 첫 잔은 내가 쏠게. [380]

40 맥줏집에서

Unterhaltung40.mp3

Emily   Wow, ich mag die Einrichtung hier.

Hakim   Stimmt, 나 원목으로 된 가구 좋아해. [397]

Pia   Daniel, warum wolltest du uns einladen?

Daniel   Es gibt etwas zu feiern ….

단어 die Einrichtung 인테리어

39

에밀리   흠, Bierchen [379] 마시고 싶은 사람?

하킴   너는 정말 놀 줄 아는구나.

피아   (모퉁이를 가리키며) 참고로 Hier ist meine Lieblingskneipe. [305]

다니엘   좋은데, 그럼 geht die erste Runde auf mich. [380]

40

에밀리   와, 여기 인테리어 마음에 든다.

하킴   그렇네, ich mag Möbel aus Massivholz. [397]

피아   다니엘, 너 우리한테 왜 맥주 쏜다고 한 거야?

다니엘   축하할 일이 있거든….

Kapitel 5

네이티브가 연애할 때 쓰는 표현 100

Kapitel 5 전체 듣기

무척 다양한 연애와 결혼의 형태가 존재하는 독일이지만 사람과 사람이 만나 서로를 알아가고, 때로는 오해하고, 사랑했다가 헤어지는 일련의 과정은 결국 우리와 크게 다르지 않아요. 연애에 대한 모든 것, 독일어로 표현해 봅시다!

01 말 걸어 볼까 02 빠른 전개 03 황금어장 04 사귀냐? 05 우리 무슨 사이야 06 나 차단했니?
07 독이 되는 연애 08 자니 09 급한 마음 10 타는 냄새 안 나요? 11 네가 필요해 12 그 사람이다
13 달달함 200% 14 홀딱 반했구나? 15 존넨샤인 16 죽고 못 살아 17 좋을 때다 18 헤어져
19 끝인 걸까 20 그럭저럭 해피엔딩

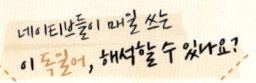

401~405.mp3

Ich finde ihn süß.

schön(예쁜, 아름다운), hübsch(예쁜, 잘생긴) 등 많은 형용사가 있지만 süß가 나오는 순간 게임 끝! 귀엽고 소중하고 사랑스럽고 그냥 다 해 버리거든요.

Ist er noch single?

영어 단어 single을 독일어에서도 그대로 가져다 씁니다. noch가 들어감으로써 저렇게나 괜찮은 남자인데 '아직, 여전히?' 싱글이려나 하는 뉘앙스가 더해져요.

Soll ich ihn mal ansprechen?

jdn. ansprechen은 여기서 '~에게 다가가서 말 걸다'라는 의미예요.

Mach ruhig den ersten Schritt.

den ersten Schritt machen이라고 하면 '먼저 다가가다', 나아가 '연락 등을 먼저 하다'라는 관용구예요. 여기서 ruhig는 '조용히'가 아니라 '어서, 개의치 말고'라는 의미랍니다.

Du wirkst sehr sympathisch!

동사 wirken은 여러 의미가 있지만 여기서는 '어필하다'라는 뜻이에요. sympathisch는 호감이 간다는 의미인데, 여기서는 약간 사심이 담긴 뉘앙스를 풍겨요.

401

쬐끔 마음에 든다는 이야기
나는 그 남자 귀엽던데.

402

아니 뭐 그냥 궁금해서
그 남자 아직 싱글인가?

403

마음에 드는 사람을 발견했을 때
그 남자에게 말 걸어 볼까?

404

용기를 내라구!
네가 먼저 다가가 봐.

405

그래서 나 너한테 관심 있어
넌 정말 호감형이야!

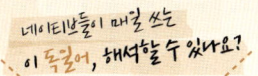

Wollen wir was trinken gehen?

서로 약간 관심 있는 상태에서 이런 말을 한다? 그럼 단순히 목마르니까
뭐라도 마시러 가자는 의미가 아닙니다. 데이트 신청이에요!

Danke für den schönen Abend.

첫 데이트 끝나고 집에 가서 바로, 혹은 하루쯤 지나서 쓰기 좋은 표현이에요.
너와 함께한 시간이 무척 즐거웠고, 너를 또 만날 의향이 있다라는 의미까지도 내포합니다.

Wann sehen wir uns wieder?

축하합니다! 첫 데이트가 성공적이었나 보군요.
이런 식으로 두 번째, 세 번째 데이트를 계속 해 나가다 보면 언젠가는….

Wollen wir exklusiv sein?

직역하면 "우리 서로를 배타적으로 만나 볼까?"인데 쓰면서도 웃기네요.
이제부터 진지하게 만나자는, 나름 낭만적인 표현이랍니다.

Ich werde immer treu bleiben.

treu sein/bleiben은 '충성스럽다 / 충성을 다하다'라는 뜻이에요.
연인 사이에 이 표현을 쓰면 한눈팔지 않고 늘 상대방만을 바라보는 것을 의미합니다.

406

대표적인 데이트 신청 멘트
우리 한잔하러 갈까?

407

데이트 끝나고 하기 좋은 말
덕분에 좋은 저녁 시간 보냈어.

408

다음 데이트를 기약할 때
우리 또 언제 만나?

409

너랑 나랑 이제부터
우리 진지하게 만나 볼까?

410

충성을 다하는 당신의 연인
나는 언제나 너만 바라볼 거야.

Er hält dich nur warm.

jdn. warm halten은 언뜻 보기에 긍정적인 의미 같지만, 사실은 누군가에게 이렇다 할 답을 주지 않고 뜨뜻미지근하게 계속 잡아두는 것을 말해요. 일종의 어장관리랄까요?

Hält sie mich nur hin?

바로 앞의 warm halten과 비슷한 표현으로 jdn. hinhalten이 있습니다. 진심도 아니면서 누군가를 보험 삼아 자기 곁에 잡아두는 것을 뜻해요.

Er hat mehrere Eisen im Feuer.

대장간을 떠올려 보세요. 대장장이가 원형 여러 개를 한꺼번에 불에 달구고 있는 거죠. 곧 망치질이 시작될 거고요. 한 번에 여러 사람을 만나는 행태를 비유적으로 이렇게 표현합니다.

Parallel Daten ist tabu.

parallel 하면 '평행하는'이란 의미죠. A랑도 데이트하고 동시에 B, C 등과도 데이트하는 걸 동사로 parallel Daten이라고 표현합니다.

Das war nur eine Affäre.

die Affäre는 일종의 금지된 관계, 거기에 섹슈얼한 뉘앙스가 많이 포함된 단어입니다. 한국어로는 '정사' 정도일 거예요.

411

애매모호 미적지근한 그 사람
걔가 너 어장관리하는 거야.

412

너는 어부이자 보험설계사
걔한테 나는 그냥 보험인가?

413

그 사람이 당신에게 집중하지 않는 이유
걔 동시에 여러 사람 만나네.

414

베를린에서라면 몰라도
양다리는 금기야.

415

바람, 불륜, 뭐 그렇고 그런
그건 그냥 불장난이었어.

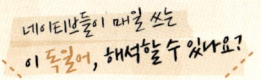

416
Sie passen gar nicht zusammen.

분리동사 zusammenpassen은 '서로 잘 맞다, 어울리다'라는 의미예요.
그냥 nicht도 아니고 gar nicht라니, 정말 어지간히도 안 어울리나 봅니다.

417
Gegensätze ziehen sich an.

der Gegensatz의 복수형 die Gegensätze는 '서로 대조(반대되는 것들, 사람들) / 극과 극'이라는 의미예요.
극과 극끼리 서로 끌어당긴다(sich⁴ anziehen)는 건 한국에서도 자주 하는 말이죠?

418
Seid ihr jetzt zusammen?

독일에서 남의 사생활에 대해 묻는 것은 예의 없다 여기지만, 친한 사이에는 또 그렇지만도 않아요.
한참 썸만 타던 두 사람에게 뭔가 변화가 생겼을 때 쓸 수 있는 표현입니다.

419
Ihr seid ein Traumpaar.

동사 sein의 ihr 현재인칭변화 seid를 seit(~이래로)라고 잘못 쓰지 않게 주의! 원어민들도 많이
틀리는 부분이에요. das Traumpaar는 직역하면 '꿈의(Traum) 커플(Paar)'이겠죠?

420
Wie lange seid ihr zusammen?

Wie lange~(얼마나 오래 ~)로 시작하는 의문문은 정말 여러 가지로 활용이 가능한데요.
여기서는 zusammen sein(연인 관계에 있다)을 넣어서 표현했어요.

416

성격적으로나 외모적으로나
걔네 진짜 너무 안 어울려.

417

서로 너무 다른 두 사람의 연애
반대가 끌리는 거야.

418

지겹도록 썸만 타더니
너희 이제 사귀는 거야?

419

어쩜 그렇게 잘 어울리니!
너흰 환상의 커플이야.

420

연인 사이의 두 사람에게
너희 사귄 지 얼마나 됐어?

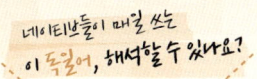

Sie hat mich versetzt.

jdn. versetzen은 이 문장에서 '~를 만나기로 해 놓고 안 나오다'라는 의미예요.
한국어의 '바람맞히다'라는 표현과 같습니다.

Sie spielt nur mit dir.

mit jdm. spielen이라고 하면 누구랑 재미있게 놀고 이런 의미가 아니라,
그 사람을 마음대로 가지고 논다는 의미예요.

Sie hat kein Interesse an dir.

an jdm. / etw.³ Interesse haben은 '어떤 사람이나 대상에 관심이 있다'는 의미의 관용구예요.
통째로 외워 두면 좋아요!

Was ist das zwischen uns?

우리 사이에(zwischen uns) 그거(das) 대체 뭐야?! 즉, 연인처럼 할 거 다 하는데 사귀는 건 또 아니고,
그럼 "우린 도대체 무슨 사이야."라고 묻는 표현입니다.

Ich will nur was Lockeres.

locker라고 하면 느슨하고 헐렁한 느낌이에요. 진지하게 사귀는 거 말고 가벼운 만남을 원한다는 의미입니다.
반대말은 ~was Festes라고 합니다.

421

만나기로 해 놓고선
걔가 나 바람맞혔어.

422

순진하게 당하지 말라구
걔가 너 가지고 노는 거야.

423

걔한테서 연락이 없는 이유?
걔는 너한테 관심 없어.

424

사귀는 건지 뭔지 애매할 때
우리 무슨 사이야?

425

부담도, 책임도, 옷도(?) 벗어던지고
나는 그냥 가벼운 사이를 원해.

망각방지 장치 1

하루만 지나도 학습한 내용의 50%를 잊어 버립니다. 여러분은 얼마나 잊어 버렸을까요? 확인해 보고 알면 O, 모르면 ×에 표시하고 잊은 표현은 복습하세요.

01 걔가 너 가지고 노는 거야.   Sie ____ nur ____ dir.

02 우리 진지하게 만나 볼까?   ____ wir ____ sein?

03 나는 그 남자 귀엽던데.   Ich ____ ihn ____ .

04 나는 그냥 가벼운 사이를 원해.   Ich will nur was ____ es.

05 너희 환상의 커플이야.   Ihr ____ ein Traum ____ .

06 우리 한잔하러 갈까?   ____ wir was ____ gehen?

07 너희 사귄 지 얼마나 됐어?   ____ lange seid ihr ____ ?

08 양다리는 금기야.   ____ Daten ist ____ .

09 덕분에 좋은 저녁 시간 보냈어.   Danke ____ den ____ Abend.

10 걔가 나 바람맞혔어.   Sie hat mich ver____ .

11 우리 또 언제 만나?   ____ sehen wir ____ wieder?

12 반대가 끌리는 거야.   ____ sätze ziehen sich ____ .

13 나는 언제나 너만 바라볼 거야.   Ich ____ immer ____ bleiben.

14 그 남자 아직 싱글인가?   Ist er noch ____ ?

정답 01 spielt / mit   02 Wollen / exklusiv   03 finde / süß   04 Locker   05 seid / paar   06 Wollen / trinken   07 Wie / zusammen   08 Parallel / tabu   09 für / schönen   10 setzt   11 Wann / uns   12 Gegen / an   13 werde / treu   14 single

15	걔는 너한테 관심 없어.	Sie hat kein ___ an ___.	423
16	걔가 너 어장관리하는 거야.	Er ___ dich nur ___.	411
17	네가 먼저 다가가 봐.	Mach ___ den ersten ___.	404
18	너희 이제 사귀는 거야?	___ ihr jetzt ___?	418
19	넌 정말 호감형이야!	Du ___ st sehr ___!	405
20	걔네 진짜 너무 안 어울려.	Sie ___ gar nicht ___.	416
21	걔한테 나는 그냥 보험인가?	___ sie mich nur ___?	412
22	그건 그냥 불장난이었어.	Das war nur eine ___.	415
23	우리 무슨 사이야?	Was ist das ___.	424
24	그 남자에게 말 걸어 볼까?	___ ich ihn mal ___ sprechen?	403
25	걔 동시에 여러 사람 만나네.	Er hat mehrere ___ im ___.	413

맞은 개수: 25개 중 ___ 개

그동안 ___%를 잊어 버리셨네요.
틀린 문장들은 다시 한번 꼭 보세요.

정답 15 Interesse / dir 16 hält / warm 17 ruhig / Schritt 18 Seid / zusammen 19 wirk / sympathisch
20 passen / zusammen 21 Hält / hin 22 Affäre 23 zwischen uns 24 Soll / an 25 Eisen / Feuer

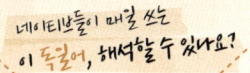

 426

Mein Date hat Bindungsängste.

das Date라고 하면 데이트 그 자체를 가리키기도 하지만 '내가 데이트하는 상대'를 의미하기도 해요.
내가 만나는 사람이 진지한 관계(Bindung)에 대한 불안(Ängste)이 있어서 고민될 때 쓰는 표현입니다.

 427

Ich wurde geghostet.

ghosten은 영어에서 넘어온 신조어로, ghost(유령)가 사라지듯 연락을 완전히 차단하고
잠수를 타 버리는 것을 말합니다. 여기서는 잠수를 당한 입장이니까 수동태로 써 줬어요.

 428

Hast du mich blockiert?

jdn. blockieren은 메신저 등에서 상대방을 차단하는 것을 말해요. 이 동사를 젊은 세대에서는
blocken이라고 쓰기도 합니다. "Hast du mich geblockt?" 이렇게요.

 429

Ich finde ihn toller als er mich.

『형용사 비교급 + als(~보다)』 문법이 사용된 문장입니다.
jdn. toll finden은 mögen(좋아한다)는 말과 거의 차이가 없는 표현이에요.

 430

Er geht mir nicht aus dem Kopf.

mir를 빼먹고 써 버리는 경우가 많은데(실은 제 경험담!), 꼭 써 줘야 문법적으로 완전한 문장이 돼요.

426
두려운 건지 책임지기 싫은 건지
만나는 사람이 진지한 관계를 피해.

427
어느날 갑자기 증발한 상대방
나 잠수 이별당했어.

428
느낌이 쎄하다
너 나 차단했어?

429
걔가 나를 좋아하는 것보다
내가 더 많이 좋아하는 듯.

430
이런, 비상이다!
그가 내 머릿속에서 떠나질 않아.

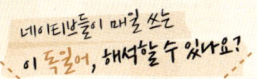

431
Sie flirtet mit anderen.

영어의 flirt를 그대로 들여온 독일어 동사가 flirten입니다.
은근히 여지 주면서 꼬시는 듯한 그런 미묘한 행동을 뜻해요.

432
Kann ich deine Nummer haben?

직역하면 "내가 너의 번호를 가질 수 있겠니?"입니다.
먼저 네 번호를 갖고, 그 후엔 널 갖겠어! 후후~.

433
eine toxische Beziehung

비교적 최근에 주목받기 시작한 개념으로, 연인 관계가 가스라이팅이나 폭력 등의 문제로 인해
한 사람에게(또는 서로에게) 독이 될 때, 이것을 가리키는 표현입니다.

434
Beende die Beziehung!

toxische Beziehung에 빠져 허우적대고 있는 친구나 가족에게 단호하게 하는 말입니다.
뜯어말렸다가 더 불타오를까 걱정이지만요….

435
Nie intim im Team.

비슷한 발음을 활용한 언어유희적 표현인데요, 절대로(nie) 같은 팀 안에서(im Team) 누구랑 사적으로
가까워지지(intim) 말라는, 즉 "사내연애하지 말라."는 이야기입니다.

431

선수네 선수야
걔 다른 애들한테 꼬리치던데.

432

너랑 연락하면서 지내고 싶은데
핸드폰 번호 알려줄 수 있어?

433

벗어나야 해!
독이 되는 관계

434

왜 거기서 그러고 있어
그 관계 당장 끝내!

435

같은 팀 사람은 건드리지 말 것
사내연애 절대 하지 마라.

436
Sie hat mir einen Korb gegeben.

직역하면 "그녀가 나에게 바구니(der Korb)를 줬어."라는 표현인데요.
★ 유래가 궁금하다면 영상을 참조하세요!

437
Es gibt genug Fische im Meer.

사람을 물고기에 비유해서 뭐 어쩌자는 치네 마네, 이런 거 참 싫지만 또 이만한 표현이 없어요.
그죠? 한국어 표현과 유사하게 쓰이는 문장입니다.

438
Mein Ex hat mich angerufen.

여기서 Ex는 풀어서 쓰면 der Ex-Freund, 즉 전 남자친구겠죠.
전 여자친구의 경우에는 die Ex-Freundin이라고 씁니다.

439
Schläfst du?

길게 설명하지 않겠습니다. 여러분도 알고 저도 알고 우리 모두 아는, 네, 바로 그 멘트입니다.

440
Woran bin ich?

표현만 놓고 보면 "내가 (너한테) 어디쯤에 있나?"는 의미입니다.
썸 타는 사이에 쓸 수도 있고, 또는 나를 막 대하는 연인에게 쓸 수도 있는 말이겠네요.
★ 문법 설명은 영상에서 할게요!

436

좋아하는 사람에게 거절당했을 때
그 사람이 나 퇴짜 놨어.

437

괜찮은 사람이 걔밖에 없냐?
바다에 물고기는 많아.

438

자니…?
전남친한테 전화 왔었어.

439

이 멘트는 만국공통
자니?

440

친구야 애인이야 뭐야
너한테 난 뭐야?

441

Ich stehe auf dich.

auf jdn. stehen라고 하면 '~에게 끌리다'라는 관용구인데요.
섹슈얼한 뉘앙스가 내포되어 있으니 적절한 상황에서 사용하세요!

442

Gib mir mal deine Hand.

jdm. etw.⁴ geben라고 하면 '~에게 ~을 주다'인 거 다들 아시죠?
예문에서는 mal(좀, 한번)을 넣어서 자연스러움을 더했어요.

443

Zu mir oder zu dir?

직역하면 "나에게로 혹은 너에게로?"인데, 여기서는 "우리집으로 아니면 너희 집으로?"라는 의미예요.

★ 자세한 얘기는 영상에서 나누도록 하죠~ 후훗!

444

Wollen wir kuscheln?

kuscheln은 우리말로 번역하기 참 까다로운 단어인데요. 포옹보다는 좀 더 친밀하게
두 사람이(또는 곰인형과) 껴안고 부비적대는 느낌이에요.

445

Lassen wir es langsam angehen.

es langsam angehen lassen 자체가 하나의 관용구로, '서두르지 않고 천천히 진행하다'라는 의미예요.
서로 알아가는 단계(Kennenlernphase) 초반에 흔히 쓸 법한 표현입니다.

441

술 한잔하다 문득 하는 말

나 너에게 끌려.

442

스을쩍~

손 좀 줘 봐.

443

그 이후의 일은 상상에 맡겨요

우리집 갈래? 너희 집 갈까?

444

이불 밖은 위험하니까

우리 껴안고 있을까?

445

천천히 알아 갑시다

우리 서두르지 말아요.

446. Ich habe einen Freund.

독일어에는 남자친구를 가리킬 때 영어처럼 boyfriend라고 하지 않고
그냥 mein Freund(my friend)라고 하기 때문에 헷갈릴 위험이 커요.
★ 영상으로 더 자세히 알아봅시다!

447. Ich habe eine Freundin.

여자친구도 마찬가지로 그냥 meine freundin이라고 하는데요.
그럼 그냥 '여자사람친구'는 뭐라고 부르죠…?
★ 앞 문장과 함께 영상으로 알아볼게요!

448. Die Chemie muss stimmen.

한국어 표현과 거의 완벽히 상응하는 문장입니다.
★ 영상을 통해 이 표현에 얽힌 재미있는 일화를 확인해 보세요!

449. Es funkt einfach nicht.

funken 동사는 여기서 불꽃이 파바박! 튀는 걸 말해요. 두 사람 사이에 불꽃이 튀지 않는다는 건,
로맨틱한 관계로 발전할 가능성이 없다는 뜻이겠죠?

450. Es knisterte zwischen uns.

knistern은 장작불이 타닥타닥 소리를 내면서 타오르는 것을 말해요.
여기서는 두 사람 사이에 로맨틱한 뭔가가 확! 왔다는 의미로 씁니다.

446

그러니까 집적대지 마라 1
나 남자친구 있어.

447

그러니까 집적대지 마라 2
나 여자친구 있어.

448

그놈의 케미가 뭔지
케미가 맞아야지.

449

이것도 사랑일까
불꽃 튀는 느낌이 없네.

450

킁킁, 뭐 타는 냄새 안 나요?
우리 사이에 뭔가 타올랐어.

망각방지 장치 1

하루만 지나도 학습한 내용의 50%를 잊어 버립니다. 여러분은 얼마나 잊어 버렸을까요? 확인해 보고 알면 O, 모르면 ×에 표시하고 잊은 표현은 복습하세요.

01 나 잠수 이별당했어.   Ich wurde ge_____.

02 사내연애 절대 하지 마라.   Nie _____ im _____.

03 나 남자친구 있어.   Ich habe einen _____.

04 나 여자친구 있어.   Ich habe eine _____in.

05 너 나 차단했어?   Hast du mich _____iert?

06 그 관계 당장 끝내!   _____ die Beziehung!

07 만나는 사람이 진지한 관계를 피해.   Mein Date hat Bindungs_____.

08 자니?   _____st du?

09 우리 사이에 뭔가 타올랐어.   Es _____ zwischen _____.

10 불꽃 튀는 느낌이 없네.   Es _____ einfach nicht.

11 내가 더 많이 좋아하는 듯.   Ich finde ihn _____ er mich.

12 핸드폰 번호 알려줄 수 있어?   Kann ich deine _____ haben?

13 바다에 물고기는 많아.   Es gibt genug _____ im _____.

14 우리집 갈래? 너희 집 갈까?   Zu _____ oder zu _____?

정답   01 ghostet   02 intim / Team   03 Freund   04 Freund   05 block   06 Beende   07 ängste
      08 Schläf   09 knisterte / uns   10 funkt   11 toller / als   12 Nummer   13 Fische / Meer
      14 mir / dir

15	나 너에게 끌려.	Ich stehe _____ dich.	441
16	그가 내 머릿속에서 떠나질 않아.	Er geht _____ nicht _____ dem Kopf.	430
17	우리 서두르지 말아요.	_____ wir es langsam _____ gehen.	445
18	독이 되는 관계	eine _____ Beziehung	433
19	케미가 맞아야지.	Die _____ muss _____.	448
20	전남친한테 전화 왔었어.	Mein _____ hat mich an _____.	438
21	걔 다른 애들한테 꼬리치던데.	Sie _____ mit _____.	431
22	그 사람이 나 퇴짜 놨어.	Sie hat _____ einen _____ gegeben.	436
23	손 좀 줘 봐.	Gib _____ mal deine _____.	442
24	우리 껴안고 있을까?	_____ wir ku _____?	444
25	너한테 난 뭐야?	Wo _____ bin ich?	440

맞은 개수: 25개 중 _____ 개

그동안 _____ %를 잊어 버리셨네요.
틀린 문장들은 다시 한번 꼭 보세요.

정답 15 auf 16 mir / aus 17 Lassen / an 18 toxische 19 Chemie / stimmen 20 Ex / gerufen
21 flirtet / anderen 22 mir / Korb 23 mir / Hand 24 Wollen / scheln 25 ran

네이티브들이 매일 쓰는
이 독일어, 해석할 수 있나요?

451~455.mp3

Ich denke an dich.

an etw.⁴ / jdn. denken이라고 하면 '어떤 대상이나 순간, 장소 등에 대해 생각한다'는 뜻이에요.
연인(또는 그 비슷한 사이)에 쓰면 낭만적이고 애틋한 느낌!

Ich will keine Fernbeziehung.

die Beziehung(연인관계, 연애)에 접두사 fern(먼)을 붙여서 '멀리 떨어진 연애', 즉 장거리 연애가 되었어요.
국적을 불문하고 장거리 연애는 너무나 힘이 듭니다…!

Du fehlst mir.

jdm. fehlen은 '~에게 뭔가가 부족하다, 빠져 있다'라는 의미예요.
네가 내게 부족하다, 즉 네가 곁에 없어서 그립고 허전하다는 뜻!

Ich brauche dich.

쉽고 간단한데 로맨틱한, 아니 어쩌면 조금은 처절한 표현이겠네요.

Was wäre ich ohne dich?

동사 sein을 접속법 2식으로 써서, 네가 없다면(ohne dich) 나는 과연 무엇일까 하고 가정하는 표현입니다.
즉, 네가 없으면 안 된다는 얘기겠죠?

451

서로 떨어져 있을 때
네 생각 나.

452

경험에서 우러나온 문장
나 장거리 연애는 싫어.

453

'보고 싶어'보다 좀 더 절절한
네가 없어서 허전해.

454

그러니 곁에 있어 줘
난 네가 필요해.

455

어떻게 살긴 그냥 사는 거지
너 없으면 나는 어떻게 살까?

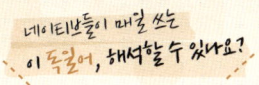

456
Er ist der Richtige.

영어로는 Mr. Right이라고 하죠. 정말 이 사람이다, 싶을 때 쓰는 표현입니다.
상대가 여성일 때는 "Sie ist die Richtige."라고 합니다.

457
Liebe auf den ersten Blick

auf den ersten Blick라고 하면 '첫눈에'라는 의미입니다. 꼭 낭만적인 의미가 아니더라도
'처음에 봤을 땐…' 하는 식의 문장을 말할 때도 활용하면 좋아요.

458
Schatz / Schatzi / Schätzchen

연인끼리 서로를 부르는 불멸의 애칭입니다. 서로가 보물(Schatz)처럼 소중하다는 의미겠죠.
-i나 -chen을 끝에 붙여서 더욱 귀엽고 사랑스러움을 강조할 수 있어요.

459
Maus / Mausi / Mäuschen

생쥐라고 하면 누군가에겐 징그러울지 몰라도, 독일어에서는 아주 귀엽고 앙증맞은 애칭이랍니다.

460
Hase / Hasi / Häschen

보송보송한 아기 토끼처럼 사랑스러운 내 연인…! 자, 애칭은 이쯤 하고 넘어갑시다.
★ 더 알고 싶으신 분들은 영상을 참고하세요!

456

내가 찾아헤매던 바로
"그 사람이다."

457

운명인 걸까
첫눈에 반한 사랑

458

연인 간의 애칭 1
자기야

459

연인 간의 애칭 2
생쥐야 / 애기야

460

연인 간의 애칭 3
토끼야

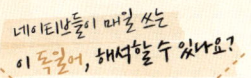

Du hast richtig schöne Augen.

독일인들끼리 외모 칭찬은 잘 하지 않지만, 서로 플러팅하는 중이라면 얘기가 다르겠죠.
Augen 대신 Haare(머릿결), Lippen(입술), Hände(손) 등을 넣어도 좋아요.

Du bist mir sehr wichtig.

너는 나에게(mir) 무척 중요하다(sehr wichtig)는 이 문장에 담긴 커다란 의미가 여러분도 느껴지나요?

Ich bin für dich da.

꼭 로맨틱한 사이가 아니더라도 상대방에게 힘을 주고 싶을 때 쓰면 좋은 표현입니다.

Ich vertraue dir.

vertrauen은 '~를 믿다, 신뢰하다'라는 동사예요. 3격 목적어를 취한다는 점에 주의하세요!

Verlasse mich nicht.

jdn. / etw.⁴ verlassen은 '~을 떠나다'라는 의미인데요.
이걸 du 명령형으로 바꾸고 nicht를 붙인 표현입니다.

461

그래, 나 너 꼬시는 거야
너 눈이 정말 예쁘다.

462

소중한 사람에게
넌 내게 아주 중요해.

463

힘들 때나 슬플 때나
난 너를 위해 여기 있어.

464

그러니까 배신하지 마라
나는 너를 믿어.

465

그럼 난 슬플 테니까
나를 떠나지 마.

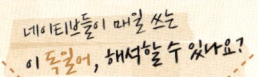

466
Du musst ihn abschleppen.

abschleppen은 원래 차를 견인한다는 의미인데요. 이걸 사람에 쓰면 견인차가 차를 끌고 가듯이
그 사람을 확 낚아채는, 즉 넘어오게 만드는 것을 뜻한답니다.
*** 섹슈얼한 의미가 있으니 주의하세요. ***

467
Sie ist meine Traumfrau.

der Traum(꿈)과 die Frau(여자)의 합성어입니다.
남자의 경우에는 der Traummann이라고 하면 되겠죠?

468
ein Schwiegermuttertraum

die Schwiegermutter(장모님 / 시어머니)와 der Traum(꿈)의 합성어인데요.
우리말의 '엄친딸 / 엄친아'와 비슷하게, 외모와 스펙 모두 완벽한 사람을 가리키는 말입니다.

469
Ich bin richtig verliebt in sie.

in jdn. verliebt sein은 '~와 사랑에 빠졌다'라는 관용구예요.
richtig까지 넣어 줬으니 아주 제대로 사랑에 빠졌다는 의미겠죠?

470
Bist du verknallt oder wie?

verliebt와 verknallt는 다른 의미예요. 전자가 영어로 in love의 의미라면 후자는 crush 쪽에 가깝죠.
verknallt sein이라고 하면 '누군가에게 홀딱 반한 상태'를 말한답니다.

네이티브들이 매일 쓰는
이 말, 독일어로 말할 수 있나요?

466

걔 너무 괜찮던데
그 남자 무조건 잡아라.

467

이상형에 꼭 맞는 상대를 두고
내가 꿈에 그리던 여자야.

468

모든 시어머니들과 장모님들의 꿈
엄친딸 / 엄친아

469

그 사람이랑 잘 되어 가냐고?
나 그녀와 사랑에 푹 빠졌어.

470

마음이 콩밭에 가 있는 걸 보니
너 홀딱 반했구나?

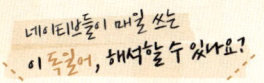

471~475.mp3

471
Süße Träume!
"잘 자!"라고 할 때 "Gute Nacht!"라고만 하셨나요? 이렇게 달달한 표현도 있답니다.

472
Träum was Schönes!
바로 앞 표현과 문법적 구성은 다르지만 비슷한 의미의 문장입니다. 특별한 사이에 사용하세요!

473
Zwei Seelen, ein Gedanke
직역하면 '두 개의 영혼, 하나의 생각'이라는 의미의 이 표현은, 두 사람이 생각하는 것도 비슷하고 궁합이 척척 잘 맞을 때 써요.

474
Ich bin ganz deins!
비슷한 맥락에서 "Ich gehöre dir!"라고 표현할 수도 있어요.

475
Du machst mich glücklich.
물론 glücklich 자리에 부정적인 형용사를 넣어서 싸울 때 활용하셔도 좋아요. unglücklich(불행한), wütend(분노한), traurig(슬픈) 등등!

471

어머나~ 스윗
스윗한 꿈 꿔!

472

예를 들면 내 꿈?
예쁜 꿈 꿔!

473

어쩜 이렇게 잘 맞는지
찰떡궁합

474

사랑하는 사이에 하는 말
난 온전히 네 거야!

475

너는 내 존넨샤인(Sonnenschein)
너는 나를 행복하게 해.

망각방지 장치 1

하루만 지나도 학습한 내용의 50%를 잊어 버립니다. 여러분은 얼마나 잊어 버렸을까요? 확인해 보고 알면 ○, 모르면 ×에 표시하고 잊은 표현은 복습하세요.

01	"그 사람이다."	Er ist der _____.
02	넌 내게 아주 중요해.	Du bist _____ sehr _____.
03	예쁜 꿈 꿔!	_____ was _____ es!
04	너는 나를 행복하게 해.	Du machst mich _____.
05	그 남자 무조건 잡아라.	Du musst ihn ab_____.
06	나 그녀와 사랑에 푹 빠졌어.	Ich bin richtig _____ in _____.
07	네 생각 나.	Ich denke _____ dich.
08	난 네가 필요해.	Ich _____ dich.
09	나는 너를 믿어.	Ich ver_____ _____.
10	내가 꿈에 그리던 여자야.	Sie ist meine _____frau.
11	첫눈에 반한 사랑	Liebe _____ den ersten _____
12	난 온전히 네 거야!	Ich bin ganz _____!
13	나 장거리 연애는 싫어.	Ich will keine _____beziehung.
14	너 눈이 정말 예쁘다.	Du hast richtig _____e _____.

정답 01 Richtige 02 mir / wichtig 03 Träum / Schön 04 glücklich 05 schleppen 06 verliebt / sie
07 an 08 brauche 09 traue / dir 10 Traum 11 auf / Blick 12 deins 13 Fern 14 schön / Augen

15	찰떡궁합	Zwei _____, ein _____.
16	자기야	_____ / _____ i / _____ chen
17	생쥐야 / 애기야	_____ / _____ i / _____ chen
18	토끼야	_____ / _____ i / _____ chen
19	난 너를 위해 여기 있어.	Ich bin _____ dich da.
20	나를 떠나지 마.	_____ mich nicht.
21	네가 없어서 허전해.	Du _____ mir.
22	너 없으면 나는 어떻게 살까?	Was _____ ich _____ dich?
23	엄친딸 / 엄친아	ein _____ mutter
24	너 홀딱 반했구나?	Bist du _____ oder wie?
25	스윗한 꿈 꿔!	_____ e _____ !

맞은 개수: 25개 중 _____ 개

그동안 _____%를 잊어 버리셨네요.
틀린 문장들은 다시 한번 꼭 보세요.

정답 15 Seelen / Gedanke 16 Schatz / Schatz / Schätz 17 Maus / Maus / Mäus 18 Hase / Has / Häs
19 für 20 Verlasse 21 fehlst 22 wäre / ohne 23 Schwieger / traum 24 verknallt 25 Süß / Träume

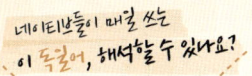

476~480.mp3

476
Mein Freund ist eine Klette.

die Klette는 옷에 들러붙는 도깨비풀 같은 건데요, 사람에게 쓰면 의존적이고 껌딱지 같다는 표현이 돼요. 형용사형은 klettig입니다.

477

Wolke sieben

정말 많이 쓰는 관용적 표현으로, 사랑에 빠진 사람들이 둥둥 떠다니는 곳을 일곱 번째 구름이라고 표현해요.
★ 그 유래에 대해서는 영상을 통해 알아봐요!

478
Schmetterlinge im Bauch

너무 예쁘고 시적인 말이에요. 갓 사랑에 빠져서 뱃속이 울렁울렁하는 기분을 나비에 빗대어 표현했어요. 주로 동사 haben과 함께 씁니다.

479
eine Gefühlsachterbahn

das Gefühl(감정, 느낌)과 die Achterbahn(롤러코스터)가 합쳐져 한국어 표현과 완벽하게 상응하는 단어가 되었어요. sein, haben, durchmachen 등의 동사와 함께 쓸 수 있어요.

480
Sie sind verrückt aufeinander.

말 그대로 서로가 서로에게(aufeinander) 미쳐 있다는(verrückt sein) 표현입니다.

476

어찌나 들러붙는지
내 남친은 내 껌딱지야.

477

사랑에 빠져 구름 위를 둥둥
일곱 번째 구름

478

뱃속에 나비가 날아다니듯
울렁울렁 설레는 기분

479

확 올라갔다 확 떨어지는
감정의 롤러코스터

480

사랑에 미친 자들이여
걔네 서로 죽고 못살아.

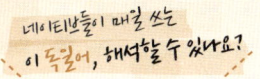

481~485.mp3

Ich bin nicht eifersüchtig.

eifersüchtig는 '시기, 질투가 많은 성향'을 뜻해요. 단순히 남을 부러워하는 것은 neidisch라고 표현합니다.

Wir sind auf einer Wellenlänge.

die Wellenlänge는 '파동, 주파수'라는 의미에 더불어 흔히 말하는 '바이브'의 의미도 있어요. 서로 바이브가 같다는 건 생각이나 가치관이 잘 맞는다는 이야기겠죠?

eine Kennenlernphase

분리동사 kennenlernen는 '어떤 사람이나 대상을 알아간다'는 의미죠. 이걸 die Phase(시기)와 결합시켜서 두 사람이 서로 알아가는 시기 / 단계를 나타냅니다.

Ich mag dich sehr.

Kennenlernphase에서 이런 말이 나왔다? 너무 좋아하긴 일러요. '친구로서' 좋아한다는 의미일 수도 있으니까요….

Ich habe dich lieb!

jdn. lieb haben은 '누군가를 아주 좋아하고 애정한다'는 의미예요. 가족이나 가까운 친구 사이에도 쓸 수 있는 표현입니다.

네티즌들이 매일 쓰는
이 말, 독일어로 말할 수 있나요?

481

뭐? 질투하냐고 지금?
나는 질투 안 해.

482

같은 바이브를 공유하는 사이
우린 사고방식이 잘 맞아.

483

좋을 때다
서로 알아가는 단계

484

너도… 내가 좋니?
난 네가 정말 좋아.

485

사랑한다는 건 아니야
너를 많이 아끼고 좋아해.

486

Du schreibst nie zuerst!

우리만큼은 아닐지 몰라도 독일 커플들도 연락 문제로 꽤 자주 싸워요.
zuerst(먼저) schreiben(쓰다), 즉 '선톡하다'라는 의미랍니다.

 487

Du hörst mir nie zu!

jdm. zuhören이라고 하면 '~에게 귀 기울이다'라는 뜻이에요.
내 말은 귓등으로 듣는 상대에게 내지르기 좋은 표현입니다.

 488

Sie ist mir fremdgegangen!

jdm. fremdgehen은 '바람피우다'라는 동사인데요, jdm. 자리에는 바람을 당한 사람이 옵니다.
현재완료 시제에서 sein 동사와 결합하는 것에 유의하세요!

 489

Sie ist schon vergeben.

vergeben sein을 물건에 쓰면 '그것을 이미 찜해 둔 사람이 있다'는 뜻이고,
사람에 쓰면 연인이든 파트너든 '이미 임자가 있다'는 의미랍니다.

 490

Ich mache Schluss.

Schluss machen은 비단 연인 관계뿐 아니라 일반적으로 뭔가를 끝낼 때 쓸 수 있는 표현이에요.
물론 여기서는 헤어지자는 이야기죠.

486

먼저 하면 어디가 덧나냐
너는 절대 먼저 연락 안 하잖아!

487

맨날 딴생각이나 하고
내 말은 절대 안 듣지!

488

바람난 내 연인
걔 나 두고 바람피웠어!

489

한발 늦었네
그녀는 벌써 임자가 있어.

490

오 이런!
헤어져.

491

Wir sind getrennt.

zusammen sein에 정확히 반대되는 표현이 getrennt sein이라고 보면 됩니다.

492

Es ist aus zwischen uns.

문자 그대로 우리 사이에(zwischen uns) 뭔가가 꺼졌다, 사라졌다(aus)라는 의미입니다.
그러니까 헤어지자는 뜻이겠지요.

493

Ich kann dich nicht gehen lassen.

jdn. gehen lassen이라고 하면 '〜를 떠나게 두다, 보내주다'라는 의미예요.
여기서는 조동사 können과 nicht를 더해서 "보낼 수 없다."라고 표현했네요.

494

Wie lange bist du single?

이 질문에 대해 태어날 때부터 솔로다. 즉 "모태솔로다."라고 하려면
"Schon immer." 또는 "Seit ewig." 등으로 답하면 된답니다.

495

Liebst du mich noch?

재회를 꿈꾸는 헤어진 연인들이나, 아주 오래되어 서로에 대한 사랑이 빛바랜 연인들이 쓸 만한 표현이에요.

491

그러니까 그만 물어 봐
우리 헤어졌어.

492

헤어짐을 말하는 표현
우린 이제 끝이야.

493

떠나지 마! 꺼이꺼이
너를 보낼 수 없어.

494

이런 게 괜히 궁금하더라
솔로된 지 얼마나 됐어?

495

아련아련
나 아직 사랑하니?

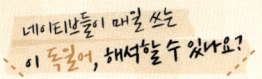

496~500.mp3

Willst du mich heiraten?

jdn. heiraten은 '~와 결혼하다'라는 동사입니다. 왠지 전치사 mit(=with)을 써야 할 것 같지만 쓰면 안 된다는 점 강조드려요(이것 때문에 더 헷갈리시려나?).

Ich habe „ja" gesagt.

바로 앞 질문에 대해 "Ja(응, 네),"라고 답하면 프러포즈를 받아들인 것이 되겠죠. 독일어로 청혼은 der Heiratsantrag이라고 합니다.

Sie sind frisch verlobt.

frisch라고 하면 '갓, 따끈따끈한' 요런 느낌이에요. "갓 결혼했다."고 하려면 frisch verheiratet이라고 하면 되겠죠?

Sie sind zusammengezogen.

(mit jdm.) zusammenziehen이라고 하면 '(~와) 살림을 합치다'라는 의미예요. 독일에서는 결혼하지 않은 커플들도 zusammenziehen하는 경우가 드물지 않습니다.

Ich liebe dich.

"우리 강아지 사랑해.", "엄마 아빠 사랑해요." 하는 것과는 분명히 다른 의미와 무게의 표현입니다. 정말로, 정말로 사랑해 마지않는 사람에게 사용하세요.

네이티브들이 매일 쓰는
이 말, 독일어로 말할 수 있나요?

496

메리 미
나랑 결혼해 줄래?

497

프러포즈에 뭐라고 답했냐는 질문에
나 오케이 했어.

498

소식 못 들었어?
걔네들 갓 약혼했어.

499

독일에서는 무척 흔한 일!
걔네 같이 살기로 했대.

500

궁극의 사랑 표현
사랑해.

망각방지장치 1

하루만 지나도 학습한 내용의 50%를 잊어 버립니다. 여러분은 얼마나 잊어 버렸을까요? 확인해 보고 알면 O, 모르면 ×에 표시하고 잊은 표현은 복습하세요.

01 우린 이제 끝이야. Es ist _____ uns.
02 내 남친은 내 껌딱지야. Mein Freund ist eine _____.
03 내 말은 절대 안 듣지! Du hörst _____ nie _____!
04 우리 사고방식이 잘 맞아. Wir sind _____ einer _____ länge.
05 솔로된 지 얼마나 됐어? _____ lange bist du _____?
06 일곱 번째 구름 _____ Wolke _____.
07 그녀는 벌써 임자가 있어. Sie ist schon ver_____.
08 걔네들 갓 약혼했어. Sie sind _____ ver_____.
09 나는 질투 안 해. Ich bin nicht _____ süchtig.
10 나랑 결혼해 줄래? Willst du mich _____?
11 울렁울렁 설레는 기분 _____ im Bauch
12 헤어져. Ich mache _____.
13 감정의 롤러코스터 eine Gefühls_____.
14 너를 많이 아끼고 좋아해. Ich _____ dich _____!

정답 01 aus / zwischen 02 Klette 03 mir / zu 04 auf / Wellen 05 Wie / single 06 siebte
07 geben 08 frisch / lobt 09 eifer 10 heiraten 11 Schmetterlinge 12 Schluss 13 achterbahn
14 habe / lieb

15	나 오케이 했어.	Ich habe „ja" gesagt. 497
16	걔네 서로 죽고 못살아.	Sie sind verrückt auf einander. 480
17	걔네 같이 살기로 했대.	Sie sind zusammen gezogen. 499
18	너는 절대 먼저 연락 안 하잖아!	Du schreibst nie zuerst! 486
19	너를 보낼 수 없어.	Ich kann dich nicht gehen lassen. 493
20	서로 알아가는 단계	eine Kennenlernphase 483
21	난 네가 정말 좋아.	Ich mag dich sehr. 464
22	걔 나 두고 바람피웠어!	Sie ist mir fremd gegangen! 488
23	우리 헤어졌어.	Wir sind getrennt. 491
24	나 아직 사랑하니?	Liebst du mich noch? 495
25	사랑해.	Ich liebe dich. 500

맞은 개수: 25개 중 _____ 개

그동안 _____%를 잊어 버리셨네요.
틀린 문장들은 다시 한번 꼭 보세요.

정답 15 ja / sagt 16 verrückt / einander 17 gezogen 18 schreib / erst 19 gehen / lassen
20 Kennenlern 21 mag 22 ist / fremd 23 trennt 24 Lieb / noch 25 liebe

망각방지장치 2

일주일이 지나면 학습한 내용의 70%를 잊어 버립니다. 여러분은 얼마나 잊어 버렸을까요? 대화문으로 확인해 보고 잊은 표현은 복습해 보세요.

41 다 함께 맥줏집에서

Unterhaltung41.mp3

Hakim (*zeigt auf jemand anders*) 저 남자 귀여운데. 401

Emily Sprich ihn mal an!

Hakim (*zu Daniel*) Aber erzähl erstmal, was es zu feiern gibt.

Pia Ich bin auch sehr neugierig.

Daniel (*guckt Emily an*) Soll ich?

단어 neugierig 궁금해하는, 호기심 많은

42 중대 발표를 하는 다니엘과 에밀리

Unterhaltung42.mp3

Hakim Warte mal, 너희 이제 사귀는 거야?! 418

Daniel Sagen wir mal so, 우리 사이에 뭔가 타올랐어. 450

Pia Hä? Ich dachte, ihr wart noch in der 서로 알아가는 단계. 483

Emily Wir waren beide ungeduldig.

단어 ungeduldig 참을성 없는, 성격이 급한

41

하킴   (누군가를 가리키며) Ich finde ihn süß. ⁴⁰¹

에밀리   가서 말 걸어 봐!

하킴   (다니엘에게) 근데 일단 얘기부터 해 봐, 축하할 일이 뭔지.

피아   나도 되게 궁금하네.

다니엘   (에밀리를 바라보며) 말할까?

42

하킴   잠깐만, seid ihr zusammen?! ⁴¹⁸

다니엘   말하자면, es knisterte zwischen uns. ⁴⁵⁰

피아   엥? 너희 아직 Kennenlernphase ⁴⁸³인 줄 알았는데.

에밀리   우리가 성격이 좀 급해서 말야.

43 두 달 후, 전화로 연락하는 하킴과 다니엘 1

Unterhaltung43.mp3

Hakim   Hey, Daniel! Wie läuft es mit Emily?

Daniel   나 완전 사랑에 푹 빠졌지. ⁴⁶⁹ Aber sie hat zu wenig Zeit wegen der Uni.

Hakim   너희는 정말 환상의 커플이야. ⁴¹⁹ Apropos Uni, ich habe endlich eine Zulassung bekommen!

Daniel   Hey, ich freue mich für dich!

단어 apropos ~ 하니까 말인데

44 두 달 후, 전화로 연락하는 하킴과 다니엘 2

Unterhaltung44.mp3

Daniel   Gibt es bei dir Neuigkeiten?

Hakim   나 남자친구 생겼어! ⁴⁴⁶ Aber mein Studienplatz ist in München.

Daniel   Meinst du, es klappt mit deinem neuen Freund?

Hakim   Ich weiß nicht. 장거리 연애는 싫은데… . ⁴⁵²

단어 die Neuigkeit 새로운 소식

43

하킴 다니엘! 에밀리랑은 어떻게 돼 가?

다니엘 **Ich bin richtig verliebt in sie.** ⁴⁶⁹ 그런데 에밀리가 대학 때문에 시간이 너무 없어.

하킴 **Ihr seid ein Traumpaar.** ⁴¹⁹ 대학 하니까 말인데, 나 드디어 합격 통보받았어!

다니엘 야, 잘됐다 정말!

44

다니엘 너는 새로운 소식 없어?

하킴 **Ich habe einen Freund!** ⁴⁴⁶ 그런데 나 입학하는 대학이 뮌헨에 있어.

다니엘 너 그럼 새 남자친구랑은 어떡하게?

하킴 나도 몰라. **Ich will keine Fernbeziehung ….** ⁴⁵²

45 전화로 연락하는 피아와 에밀리 1

Unterhaltung45.mp3

Pia Na, wie geht's euch?

Emily Ganz gut, 난 아직도 울렁울렁 설레는 기분이야. [478]

Pia Ich habe den Eindruck, 걔가 딱 바로 그 사람이네. [456]

Emily ⋯ Aber ich habe ihn letztens mit einer anderen Frau gesehen.

Pia Was?!

단어 der Eindruck 인상　letztens 최근에, 얼마 전에

46 전화로 연락하는 피아와 에밀리 2

Unterhaltung46.mp3

Pia Und? Wie fühlst du dich damit?

Emily 나 질투는 안 하는데, [481] aber es fühlt sich nicht richtig an.

Pia Du solltest ihn darauf ansprechen.

Emily Mach ich. 양다리는 금기인 거잖아, [414] oder?

Pia Ja, aber es ist bestimmt nur ein Missverständnis.

단어 bestimmt 분명히, 틀림없이　das Missverständnis 오해

45

피아　요새 너희는 어때?

에밀리　좋지 뭐, ich habe immer noch Schmetterlinge im Bauch. [478]

피아　내가 볼 땐, er ist der Richtige. [456]

에밀리　…근데 나 얼마 전에 걔랑 어떤 여자랑 있는 거 봤어.

피아　뭐?!

46

피아　그래서? 네 느낌은 어떤데?

에밀리　Ich bin nicht eifersüchtig, [481] 그래도 뭔가 아닌 것 같아.

피아　걔한테 한번 얘기해 봐.

에밀리　그럴 거야. Parallel Daten ist doch tabu, [414] 안 그래?

피아　응, 근데 분명히 그냥 오해일 거야.

| 47 | 일 년 후, 하킴과 피아 1 | Unterhaltung47.mp3 |

Hakim   Na, lange nicht gesehen!

Pia   Wie ist es so in München?

Hakim   Teuer! Aber das Studium macht Spaß.

Pia   Bist du noch mit deinem Freund zusammen?

Hakim   우리 헤어졌어. [491]

| 48 | 일 년 후, 하킴과 피아 2 | Unterhaltung48.mp3 |

Hakim   나 잠수 이별당했어. [427]

Pia   Wie schlimm…. 바다에 물고기는 많아. [437]

Hakim   Da hast du recht. Bei Emily und Daniel läuft es aber super, nicht?

Pia   Ja, 걔네 서로 죽고 못살아. [480]

Hakim   Die zwei….

47

하킴   오랜만이다, 얘!

피아   뮌헨은 어때?

하킴   비싸! 그래도 대학은 재밌어.

피아   너 남자친구랑은 아직 만나?

하킴   **Wir sind getrennt.** [491]

48

하킴   **Ich wurde geghostet.** [427]

피아   심하다…. **Es gibt genug Fische im Meer.** [437]

하킴   맞는 말이야. 에밀리랑 다니엘은 여전히 잘 지낸다지?

피아   응, **sie sind verrückt aufeinander.** [480]

하킴   걔네도 참….

| 49 | 에밀리와 다니엘, 위기?! | Unterhaltung49.mp3 |

Emily   Ich habe so viel an der Uni und beruflich zu tun, wir haben kaum Zeit füreinander!

Daniel   Ich freue mich ja, dass es bei dir so gut läuft, aber ···.
네가 없어서 허전해. [453]

Emily   넌 나한테 아주 중요해. [462] Aber wie soll es weitergehen?

Daniel   Ich hab eine Lösung. 나랑 결혼해 줄래? [496]

단어 beruflich 직업적으로, 일적으로   kaum 거의 없는

| 50 | 에밀리와 다니엘의 결혼식, 하객으로 온 하킴과 피아 | Unterhaltung50.mp3 |

Hakim   (*heulend*) Daniel sieht heute so toll aus. Ein echter 엄친아. [468]

Pia   Ich glaube, es war 첫눈에 반한 사랑이야. [457]

Daniel   (*zu Emily*) Ich bin so glücklich, dass wir es geschafft haben. 난 온전히 네 거야! [474]

Emily   사랑해. [500]

49

에밀리   내가 대학이랑 일 때문에 할 게 너무 많아서, 우리 같이 보낼 시간이 거의 없네!

다니엘   네가 잘 되니까 나야 기쁘긴 한데…. **Du fehlst mir.** [453]

에밀리   **Du bist mir sehr wichtig.** [462] 그런데 우리 앞으로는 어떡하지?

다니엘   나한테 방법이 있어. **Willst du mich heiraten?** [496]

50

하킴   (흐느끼며) 다니엘 오늘 진짜 멋지다. 정말 **Schwiegermuttertraum** [468]라니까.

피아   내가 볼 때 쟤네는, **Liebe auf den ersten Blick.** [457]

다니엘   (에밀리에게) 우리가 여기까지 왔다니, 정말 행복해. **Ich bin ganz deins!** [474]

에밀리   **Ich liebe dich.** [500]

찾아보기

※ 숫자는 페이지 번호입니다.

ㄱ

"그 사람이다." 278
가게 문 여는 일요일 232
감정 쓰레기통 174
감정의 롤러코스터 288
같이 요리해 먹자! 216
개가 좋아, 고양이가 좋아? 198
걔 나 두고 바람피웠어! 292
걔 다른 애들한테 꼬리치던데. 266
걔 동시에 여러 사람 만나네. 256
걔 식물 잘 키워. 204
걔 오늘 학교 땡땡이쳤어. 54
걔 커피 중독이야. 196
걔가 나 바람맞혔어. 260
걔가 나 빡치게 하잖아. 138
걔가 내 신경을 긁어. 138
걔가 너 가지고 노는 거야. 260
걔가 너 어장관리하는 거야. 256
걔네 같이 살기로 했대. 296
걔네 서로 죽고 못살아. 288
걔네 진짜 너무 안 어울려. 258
걔네들 갓 약혼했어. 296
걔는 너한테 관심 없어. 260
걔는 맥주 코스터 수집해. 224
걔는 뭐라? 102
걔는 손재주가 없어. 204
걔는 어떻게든 흠을 잡지. 18
걔한테 나는 그냥 보험인가? 256
거의 잠들 뻔했어. 172
거짓말 마! 86
검색 좀 해 봐야겠다. 32

겁먹지 마! / 진정해! 162
겉만 번지르르하다. 56
고마워, 너도! 100
고양이가 개보다 털이 더 빠져. 212
광합성 좀 해야겠어. 218
괜찮네! 100
괜찮아. / 신경 쓰지 마. 42
귀 좀 파고 다녀! 36
(귀찮아서) 하기 싫어. 12
그 관계 당장 끝내! 266
그 남자 무조건 잡아라. 282
그 남자 아직 싱글인가? 252
그 남자에게 말 걸어 볼까? 252
그 노래가 귀에 계속 맴돌아. 196
그 부분은 내가 크게 당한 적이 있어(서 조심스러워). 30
그 사람들 경계가 엄청 심해. 144
그 색 너한테 잘 어울린다. 222
그 영화 딱 그만그만하던 걸. 232
그가 내 머릿속에서 떠나질 않아. 264
(그거) 그만 해! 78
그거 나한테는 절대 아니야. 236
그거 내 잘못이야? 132
그거 내 취향이네. 234
그거 더럽게 재미없네. 172
그거 돼? / 괜찮겠어? 30
그거 링크 좀 보내 줄래? 26
그거 안 좋은 조짐인데. 38
그거 엄청 쉬운 거야. 32
그거 완전 흔해 빠졌잖아. 56

그거 정말 불편하네. 148
그거 진심이야? 86
그거 치워! 78
그거 할 시간 여유가 없어. 42
그거라면 충분히 해낼 수 있을 거야. 38
그거면 벌써 반은 한 거지. 42
그건 그냥 불장난이었어. 256
그건 그냥 잊어 버려. 16
그건 바꿀 수 없는 일이야. 16
그건 사람마다 다르지. 28
그건 순전히 취향 문제지. 236
그건 아닌 것 같아. 114
그건 좀 아닌 거 같아! 108
그걸 나보고 믿으라고? 86
그게 너랑 무슨 상관인데? 18
그냥 그대로 놔 둬. 14
그냥 그런 거지 뭐. 28
그냥 보는 거예요. 48
그냥저냥이었어. 104
그녀는 말수가 그리 많지 않아. 146
그녀는 벌써 임자가 있어. 292
그녀는 아침형 인간이야. 200
그녀는 야심이 대단해. 150
그녀는 언어에 재능이 있어. 204
그녀는 오늘 기분이 좋아. 134
그녀는 자기비판이 너무 심해. 150
그녀는 좀 소심한 / 소극적인 편이야. 150
그녀는 책벌레야. 196
그녀는 파티퀸이야. 192

309

그는 말을 참 잘 해. 228
그는 아주 예민한 편이야. 150
그는 안목이 좋아. 236
그는 완벽주의자야. 144
그는 완전 고집불통이야. 150
그딴 걸 누가 알아? 88
그러라고 있는(계신) 것들(분들)인 걸. 32
그러지 마 좀! 146
그러지 뭐. 96
그런 걸로 오버하지 마! 40
그럴 리 없어. 72
그럴 수도 있겠네. 72
(그럴) 엄두가 안 나. 38
그럼 언제 한번 연락할게. 26
그럼, 약속할게! 76
그렇게 나쁜 일도 아니야. 38
그렇게 하자. 96
그를 그냥 내버려 둬. 18
그만 하라 했지! 78
그만 해 이제! 78
긍정적인 마음을 잃지 마. 174
기대 이상이라 놀랐어. 134
기대되는데! 176
기분이 별로야. 138
기분이 영 이상한데. 152
까다롭게 굴지 좀 마! 144
꼭 그래야만 하나? 20
꿈에서라면 몰라! 104
끝나서 다행이야. 172

ㄴ

나 (배신당하고) 혼자 남겨졌어. 158
나 가는 중이야. 44
나 거지야. 162
나 고양이 알러지 있어. 212
나 그거 잘 알아. 32
나 그거 중독이야. 196
나 그녀와 사랑에 푹 빠졌어. 282
나 그림 그리고 뭐 만드는 거 좋아해. 224
나 길 잃었어. 164
나 남자친구 있어. 272
나 너무 스트레스 받아. 158
나 너무 지쳤어. 170
나 너에게 끌려. 270
나 때문에 실망했니? 144
나 목도리 뜨고 있어. 218
나 생리 중이야. 138
나 수영 못해. 208
나 숙취 있어. 140
나 아직 사랑하니? 294
나 알딸딸해. 140
나 어때? 48
나 여자친구 있어. 272
나 열심히 듣고 있어. 24
나 오케이 했어. 296
나 이동 중이야. 44
나 이따 헬스장 가. 208
나 이름 잘 못 외워. 42
나 이용당하는 기분이야. 152
나 이제 어쩌면 좋아? 158

나 인명 구조 수영 가능해. 208
나 자전거 끌고 가는 중. 44
나 자전거 타고 가. 44
나 잘 준비한다. 40
나 잠수 이별당했어. 264
나 장거리 연애는 싫어. 276
나 지금 엄청 헷갈려. 168
나 하이킹 가는 거 좋아해. 224
나 호숫가에 가고 싶어. 194
나 혼자 착각하는 건가? 168
나는 그 남자 귀엽던데. 252
나는 그거 안 믿을란다. 74
나는 그냥 가벼운 사이를 원해. 260
나는 기타 치는 거 좋아해. 224
나는 너를 믿어. 280
나는 네 편이야. 160
나는 네가 걱정돼. 132
나는 물병자리야. 212
나는 빼 줘. 114
나는 식물맘이야. 200
나는 언제나 너만 바라볼 거야. 254
나는 오픈 마인드야. 164
나는 올빼미족이야. 200
나는 운동치야. 204
나는 원목 가구 좋아해. 236
나는 의견이 달라. 108
나는 정치에 관심이 많아. 220
나는 질투 안 해. 290
나는 차를 더 선호해. 206
나는 취미로 유튜브 해. 224
나는 파티에서 잘 못 놀아. 192

나도 (할게). 108
나도 그 생각했어. 72
나랑 결혼해 줄래? 296
나를 떠나지 마. 280
나한테 화났어? 132
나한텐 그게 그거야. 80
나한텐 둘 다 똑같아. 80
(나한텐) 상관없어. / 아무거나. 80
난 가리는 거 없이 다 잘 먹어. 52
난 그거 별로 안 좋아해. 40
난 그게 익숙해. 146
난 너를 위해 여기 있어. 280
난 네가 정말 좋아. 290
난 네가 필요해. 276
난 문자하는 거 귀찮아. 26
난 온전히 네 거야! 284
내 남친은 내 껌딱지야. 288
내 말은 절대 안 듣지! 292
내 말이 딱 그 말이었어. 72
내 말이. 108
내 자전거 도둑맞았어! 44
내가 그걸 어떻게 알아? 88
내가 꿈에 그리던 여자야. 282
내가 너무 순진했지. 168
내가 더 많이 좋아하는 듯. 264
내가 뭐 잘못한 거 있나? 18
내가 오버했나 / 너무했나? 174
너 (어떤) 운동해? 208
너 감기 걸렸어? 136
너 게임 뭐 해? 220
너 그거에 재능 있다! 204

너 나 차단했어? 264
너 눈이 정말 예쁘다. 280
너 돌았냐? 156
너 때문에 놀랐잖아! 88
너 뭐가 문젠데? 148
너 뭐라고 했어? 92
너 별자리 뭐야? 212
너 비건 / 채식주의자야? 200
너 없으면 나는 어떻게 살까? 276
너 열 나! 136
너 이 짤방 알아? 228
너 인스타 해? 228
너 종교 있어? 220
너 즉흥적인 편이야? 164
너 축구 봐? 210
너 취했나? 140
너 홀딱 반했구나? 282
너는 그저 징징댈 줄만 알지. 174
너는 나를 행복하게 해. 284
너는 절대 먼저 연락 안 하잖아! 292
너를 많이 아끼고 좋아해. 290
너를 보낼 수 없어. 294
너무 신경 쓰지 마. 14
너무 유치해. 234
너한테 난 뭐야? 268
너희 사귄 지 얼마나 됐어? 258
너희 이제 사귀는 거야? 258
너흰 환상의 커플이야. 258
넌 그게 재밌냐? 148
넌 나를 너무 압박해. 18
넌 내게 아주 중요해. 280

넌 생일에 파티해? 192
넌 정말 호감형이야! 252
넌 클럽 어디로 가? 192
네 마음대로 해. 36
네 마음이 시키는 대로 해. 38
네 말이 맞아. 102
네 생각 나. 276
네가 그걸 어떻게 아는데? 102
네가 먼저 다가가 봐. 252
네가 받을 만했어. 90
네가 없어서 허전해. 276
네가 정말 자랑스러워! 134
누가 생각이나 했겠어. 28

ㄷ

다리 저려. 140
다시 한번 말해 줄래? 98
덕분에 좋은 저녁 시간 보냈어. 254
독이 되는 관계 266
되게 대중적이네. 234
되는지 한번 보자. 16
드디어 주말이다! 210
디저트 먹을래? 216
또 하자 우리! 96
뜨거우니까 조심해! 52

ㄹ

레드와인, 아님 화이트와인? 198

ㅁ

마음에 (안) 들어! 234
만나는 사람이 진지한 관계를 피해. 264
말 되는군. 102
말도 안 돼! 74
말이 안 돼도 너무 안 돼! 74
말해 봐! 76
맛있어? 52
맞는 말이야! / 동의해! 108
매운 거 잘 먹는 사람들이 좋아하겠네. 234
매운 거랑 허브 소스요. 230
맥주 한잔? 228
맥주가 좋아, 와인이 좋아? 198
머리 아파. 136
모르면 검색을 좀 해! 32
몸 조심해! 30
못 해 먹겠네! / 못 들어 주겠네! 112
무슨 말을 그렇게 해? 92
무슨 말인지 하나도 모르겠네. 92
묻지 마. 76
물론이야. 96
물론이지! 110
뭐 들어 줄까? 50
뭐 필요한 거 있으면 사 갈까? 50
뭐가 됐든. / 아무튼. 80
뭐가 뭔지 알 수가 없네. 20
뭐라고 한 거야? 98
뭐라카노? 92
뭔 말인지 알아(알지)? 24

ㅂ

미안, 잠깐 정신 팔렸어. 162
미안해, 내가 경솔했어. 148
미용실 갔다 왔어? 48
미쳐 버리겠네. 162
미쳤다! 116

ㅂ

바다에 물고기는 많아. 268
반대가 끌리는 거야. 258
방금 그거 뭐야 대체? 92
방금 뭐였지? 98
배가 꼬르륵해. 170
배움에는 끝이 없어. 194
버스는 이미 떠났어. 16
벌써 월요일이라니…. 210
벌써부터 너무 신나. 176
별로 납득이 안 가는데. 172
별일 없니? 132
봤지? / 내 말 맞지? 102
부끄러운 줄 알아라! 156
부끄러움은 왜 나의 몫인가. 156
부질없어. 12
불꽃 튀는 느낌이 없네. 272
불평하면 안 되겠지. 168
붕 뜨지 말고 자중해! 54
빈 수레가 요란하다. 56
빈둥대는 게 내 취미야. 220
빡치네. 138
빨리 좀 가라! 36

ㅅ

사내연애 절대 하지 마라. 266
사람이 나 퇴짜 놨어. 268
사랑해. 296
사실이야! 110
살을 좀 빼야 할 텐데. 208
상처 주네? 148
새로 나온 영화 재밌다던데. 232
생쥐야 / 애기야 278
서로 알아가는 단계 290
선택의 여지가 없네. 20
세상에! 84
소스는 (뭘로 드려요)? 230
소용없어. 12
속이 안 좋아…. 136
손 좀 줘 봐. 270
솔로된 지 얼마나 됐어? 294
솔직히 말해서…. 24
쇼하지 마! 86
스윗한 꿈 꿔! 284
스트레스 받지 마. 14
시끌벅적 / 요란법석 176
실내 암벽 등반 하러 갈래? 218
실컷 울어 버려! 160
심하다. / 대박이다! 116
싼 게 비지떡. 56

ㅇ

ㅇㅇ 104
아 창피해! 156
아쉽네. 90

아이고 (못 살아)! 84
아이고 (이 사람아)! 84
아직 괜찮아? 164
안 될 건 없는데 굳이…? 104
안 될 게 뭐야? / 그러자! 96
안 하는 게 나을 듯. 114
알 만하네. 104
앞으로도 지금처럼만 해! 90
야! 나 지금 말하잖아. 88
(야채) 다 넣어 드려요? 230
양다리는 금기야. 256
양말 이쁘네! 222
양심의 가책 152
양파는 빼고 주세요. 230
얘기해 봐! 76
어디론가 떠나고 싶어. 164
어떤 거 말하는 거야? 98
어이가 없네! 112
어지러워. 136
엄마야! 84
엄친딸 / 엄친아 282
없다고 장담할 일이 아니야. 28
여기 내 최애 술집이야. 192
여보세요? 98
연락할게. 26
엽서 보낼게. 232
영광인데! 134
예쁜 꿈 꿔! 284
오늘 멋지게 입었네! 222
오늘 메뉴 뭐야? 52
오늘은 되는 일이 없네. 146

오해하지 말고 들어. 24
온천 가고 싶다. 194
완전 긴장돼 / 흥분돼! 176
완전 절망적이야. 152
왜 그렇게 울상이야? 174
왜 그리 근심 걱정하고 있어? 132
외롭지 않니? 146
요리하는 거 좋아해? 216
우리 (크리스마스) 쿠키 구워. 232
우리 껴안고 있을까? 270
우리 또 뭐 필요한 거 있나? 50
우리 또 언제 만나? 254
우리 말 편하게 해요. 36
우리 무슨 사이야? 260
우리 배달시켜 먹을까? 216
우리 사이에 뭔가 타올랐어. 272
우리 서두르지 말아요. 270
우리 아들은 엎드려서 자. 220
우리 야외 극장 갈래? 194
우리 여기저기 돌아다니자. 218
우리 이웃은 너무 꽉 막혔어. 144
우리 진지하게 만나 볼까? 254
우리집 갈래? 너희 집 갈까? 270
우리 한잔하러 갈까? 254
우리 헤어졌어. 294
우린 사고방식이 잘 맞아. 290
우린 이제 끝이야. 294
우유, 아님 오트밀크? 198
운이 좋았어! 36
울렁울렁 설레는 기분 288
의미 없어. 12

의상 멋지다! 222
의욕이 전혀 없어. 158
이 시국에 뭐하고 지내? 200
이 우유 유통기한 지났어. 52
이 이상 게을 수가 없어. 172
이거 우리끼리만 아는 거다? 76
이것 좀 잠깐 들어 줄래? 50
이대로는 더 이상 안 돼. 12
이랬든 저랬든. 80
이러면 안 될 것 같아. 152
이럴 수는 없는 거야! 88
이미 일어난 일인데 뭐. 16
이번 잔은 내가 쏠게. 228
이성적으로 대화할까? 162
이제 그만! 78
일곱 번째 구름 288
일어나! / 정신 차려! 40
입맛이 없어. 170
있을 수 있는 일이야. 72

ㅈ

자기야 278
자니? 268
잘 됐다! 160
잘됐다! / 축하해! 90
잠을 잘 못 잤어. 170
잡았다. 요놈! 112
재있는 맛이네! 236
쟤 때문에 흥 다 깨지네! 206
저런, 너무 안 됐다. 90

전남친한테 전화 왔었어. 268
절대 안 돼. / 아니야. 112
절대로. 112
정말 그래! 110
정말? / 진짜? 110
정말로. 110
정신 사납게 왜 그래? 176
제발 좀. 114
제법이네…! 116
제법인데! 116
젠장! 84
종아리에 쥐가 자주 나. 140
좋아 좋아! 100
좋아하는 음식이 뭐야? 216
좋은데! 100
주말에 고기 구워 먹을까? 210
주먹구구로 대충 계산하면… 48
죽어도 싫어. 114
지금 그게 문제가 아니야. 24
지금 뭐 해? 54
지금 시간 괜찮아? 26
지금 지옥에 있는 기분이야. 158
진지하게? / 진짜? 86
진짜 비호감이다. 156
진짜일 리 없을걸. 74
집에 맥주 있나? 50
짤어. 116

ㅊ

찰떡궁합 284
천만에. / 별거 아냐. 42
천천히 편하게 해. 134
천천히 해. 14
철 좀 들어라. 40
첫눈에 반한 사랑 278

ㅋ

카드로 계산할게요. 48
커피 어떻게 마셔? 206
케미가 맞아야지. 272
케첩, 아님 마요네즈? 198
큰 힘이 돼. 160

ㅌ

탁구 한 판 어때? 218
탄산 있는 물, 없는 물? 230
태권도 배우고 싶어. 194
토끼야 278
토닥토닥. 160
퇴근하고 나서는 뭐해? 210
투덜거리려던 건 아니었는데. 168
티끌 모아 태산이다. 56

ㅍ

푹 쉬어! 170
핑크는 나한테 안 받아. 222

ㅎ

하룻밤 자면서 생각해 봐야겠어. 20
한 잔 더? 54
한번 고민해 봐. 20
한번에 몰아보기 196
항상 그런 건 아니지만 대개 그렇지. 28
핸드폰 번호 알려줄 수 있어? 266
햄스터가 집을 나갔어. 212
헤어져. 292
혹시 모르는 거니까. 30
확실한 게 제일이지. 30
확실해? 74
휘핑크림 올려 드려요? 206
흡연은 치명적이야. 206
힘 좀 빼. 14

기타

4시 전엔 맥주 금지. 54
Bless you! 100

독일어 회화 핵심패턴 233

부록
- 휴대용 소책자
- mp3 파일
- 무료 다운로드

최재화 지음 | 328쪽 | 15,800원

생활 밀착형 패턴 233개로 일상에서 시험 준비까지 OK!

독일 네이티브와 함께 실생활에서 자주 쓰는 표현만 골라 233개의 패턴으로 정리했다.
패턴에 단어만 바꾸면 일상, 독일어시험, 진학, 취업 등 학습 목적에 맞는 문장을 만들 수 있다.

난이도	첫걸음 **초급** 중급 │ 고급		기간	80일
대상	회화를 본격적으로 시작하려는 초급자		목표	내가 말하고 싶은 문장 자유자재로 만들기

독일어 필수 단어 무작정 따라하기

어설픈 문장보다 확실한 단어로 말해라!

언어 달인의 방법으로 효율적으로 외우는

독일어 초급 필수 단어 1,800개

난이도	첫걸음 **초급** 중급 | 고급	기간	35일
대상	긴 독일어 단어가 너무 안 외워져서 새로운 방법을 찾고 있는 초중급자	목표	독일어 기초 단어를 자유롭게 구사하기